Holger Hermann

Gott schauen

Predigten

Bibliografische Information der Deutschen Nationalbibliothek: Die Deutsche Nationalbibliothek verzeichnet diese Publikation in der Deutschen Nationalbibliografie; detaillierte bibliografische Daten sind im Internet über dnb.dnb.de abrufbar.

© 2020 Holger Hermann
Herstellung und Verlag: BoD – Books on Demand, Norderstedt

ISBN: 9783752646818

Für Helga, Otto und Ella

Inhalt

Vorrede

Selig sind, die reinen Herzens sind; denn sie werden Gott schauen. (Matthäus 5,8) Warum mein Konfirmator mir diese Seligpreisung als Konfirmationsspruch mitgab[1]? Verheißung und Aufgabe ist er mir geworden. Letztlich aber geht es wohl nur so, dass wir wieder werden wie die Kinder, um eine derartige Erfahrung machen zu dürfen.

Gott schauen, oder wenigstens *die schönen Gottesdienste des* HERRN schauen können (Psalm 27,4):
Ich wünsche mir,
- dass Gottesdienste in ihrer Vielfalt ein Stück weit etwas vom himmlischen Gottesdienst widerspiegeln und in ihnen ein wenig vom Glanz des Reiches Gottes aufscheinen möge[2];
- dass in der Feier des Abendmahls durch die Teilhabe der vielen an dem einen Leib Christi dieser Leib Gestalt gewinnt in der konkreten Ortsgemeinde[3];
- dass das - gerade auch aber nicht nur liturgische - Gebet als der vornehmste Ort, an dem die Rechtfertigung des Sünders geschieht[4], verstanden und geübt wird;
- dass mittels Lesungen und Predigt die Schönheit und der Reichtum des Wortes Gottes wahrgenommen und durch eigene Lektüre noch tiefer ausgeschöpft wird.

Gott schauen - seit über 16 Jahren ist das Lamm Gottes, das seit fast 900 Jahren das Tympanon an einem Portal der Hohenkirchener Kirche ziert, der erste Anblick auf dem Weg zum Gottesdienst.

Ich danke vor allem meiner Frau, die an vielen Wochenenden mit meiner mindestens geistigen Abwesenheit leben musste, für ihre Geduld und ihre immer wieder kritische Kommentierung meiner Gedanken.

Ihr zuerst und dann meinem Patenkind[5] und dem jüngst geborenen und „virtuell" immer schon anwesenden ersten Enkelkind sei die Sammlung gewidmet.

Die Predigttexte bis 2018 folgen überwiegend der Lutherübersetzung in der revidierten Fassung von 1984, seitdem vermehrt der zum Reformationsjubiläum 2017 erschienenen Fassung. Hin und wieder habe ich auf andere Übersetzungen, wie BasisBibel, Hoffnung für Alle oder Einheitsübersetzung zurückgegriffen.

In den Predigten angeführte Zitate habe ich versucht nachträglich zu verifizieren.[6] Leider ist mir das bei älteren Ansprachen nicht mehr durchgängig gelungen.

In der Hoffnung, dass, was mir aufgeleuchtet ist, auch anderen zum Licht auf ihrem Weg zu Gott werde, wünsche ich eine gesegnete Lektüre.

Holger Hermann, im Oktober 2020

Espenauer Predigten

Mai 2004 bis Februar 2020

Füreinander beten, miteinander arbeiten[7]

1 So ermahne ich nun, dass man vor allen Dingen tue Bitte, Gebet, Fürbitte und Danksagung für alle Menschen,
2 für die Könige und für alle Obrigkeit, damit wir ein ruhiges und stilles Leben führen können in aller Frömmigkeit und Ehrbarkeit.
3 Dies ist gut und wohlgefällig vor Gott, unserm Heiland,
4 welcher will, dass allen Menschen geholfen werde und sie zur Erkenntnis der Wahrheit kommen.
5 Denn es ist ein Gott und ein Mittler zwischen Gott und den Menschen, nämlich der Mensch Christus Jesus,
6 der sich selbst gegeben hat für alle zur Erlösung.

(1. Timotheus 2,1-6a)

Aufgeregt bin ich, weil ich heute ganz offiziell und von Amts wegen in Hohenkirchen auf der Kanzel stehen darf, als ihr Pfarrer der Kirchengemeinde hier in Hohenkirchen.

Aber was bedeutet eingeführt zu werden?
Es heißt, hineingestellt zu werden in eine Gemeinde, eine Gemeinschaft von Menschen, die mit ihren unterschiedlichen Gaben und Fähigkeiten berufen sind zur Nachfolge Jesu Christi, die beauftragt sind zur Arbeit am und für das Reich Gottes.
Jede und jeder von uns bringt in diesen Dienst ihre / seine persönliche Lebens- und Glaubensgeschichte ein.
Sie und ich leben in und mit je eigenen kirchlichen Traditionen, haben Erfahrungen mit Pfarrern bzw. Gemeinden gemacht, haben Fähigkeiten und Fertigkeiten, die uns einander näher bringen, aber auch Marotten, die uns möglicherweise manchmal das Leben schwer machen werden.

Ich möchte ihnen deshalb an dieser Stelle noch einmal danken für das Vertrauen, dass sie mir entgegengebracht haben, für die Freundlichkeit und Herzlichkeit, mit der sie uns in Espenau, besonders hier in Hohenkirchen, im Pfarrhaus willkommen geheißen haben. Das hat uns, mir den Start und die ersten Schritte leichter gemacht.

Wir sind als Mitarbeiterinnen und Mitarbeiter im Reich Gottes aneinander gewiesen und zwar nicht zuletzt in gegenseitiger Fürbitte und im gemeinsamen Gebet. Denn keiner kann für sich allein Christ sein und keine kann allein die Aufgabe des Gemeindeaufbaus schultern. Wir brauchen einander und vor allem brauchen wir Gottes Beistand, seinen schöpferischen Geist und die Kraft, die besonders in den Schwachen mächtig sein will.

„So ermahne ich nun, dass man vor allen Dingen tue Bitte, Gebet, Fürbitte und Danksagung."
Bleibt mit Gott und in IHM miteinander im Gespräch. Seid untereinander offen, sagt einander, was zu sagen ist, aber hört auch aufeinander. Und bleibt immer offen für das, was die Welt bewegt. Diese liebevoll kritische Offenheit der Christinnen und Christen - in der Welt, untereinander und vor Gott - ist Voraussetzung dafür, dass Menschen sich dem Anspruch Gottes auf ihr Leben öffnen.

Denn Gott hat die ganze Welt geschaffen, er ist als Schöpfer Vater aller Menschen und will deshalb auch, *„dass allen Menschen geholfen werde"*. Das Heil, um das es im Christentum, in der Kirche geht, ist nicht nur für den innerkirchlichen Gebrauch bestimmt, sondern es gilt allen Menschen und ist allen Menschen zu bezeugen, ob sie es hören wollen oder nicht.
Kirche ist, als Teil der Welt, interessiert und engagiert im Gemeinwe-

sen und für das Gemeinwohl. Ich freue mich, dass Vertreter von Vereinen und öffentlichen Einrichtungen hier sind, freue mich konkret auf die erste Zusammenarbeit beim Festgottesdienst zum Schützenfest am Pfingstsonntag.

Das Gebet *„für alle Menschen"*, das im Heilswillen Gottes wurzelt, *„der will, dass allen Menschen geholfen werde"*, konkretisiert sich für den Verfasser des 1. Timotheusbriefes im Gebet für die, die in leitender und verantwortlicher Position in Staat und Gesellschaft, auch in Espenau, sind. Diese Aussage ist nicht Ausdruck einer obrigkeitshörigen Haltung der Christen, sie ist vielmehr die Umsetzung einer Einsicht, die wir durch die ökumenische Bewegung in den letzten Jahrzehnten wieder gewonnen haben:
Das Heil Gottes betrifft nicht nur den inneren, sondern den ganzen, den leibhaftigen Menschen. Das Heil ist eingebettet in ökonomische, gesellschaftliche und politische Strukturen. Und damit „Heil" umgesetzt werden kann, damit wir dem Willen Gottes gemäß leben und handeln können - das meint: *„fromm sein"* - damit die von Gott geschenkte Würde des Menschen bewahrt und gefördert werden kann - das meint *„Leben in Ehrbarkeit"* - muss das Umfeld stimmen.
Sich dafür zu engagieren, dass das Lebensumfeld in Ordnung ist bzw. kommt, Lebenslügen, persönliche oder gesellschaftliche, aufzudecken, der Wahrheit zum Durchbruch zu verhelfen, die frei macht für ein selbstverantwortetes Leben vor Gott, das alles ist keine Einmischung in Dinge, die Christinnen und Christen nichts angehen, sondern gehört nach meiner Überzeugung zum Grundauftrag der Kirche, der Gemeinde.

Und wir brauchen einander, denn dass wir Christen bzw. kirchliche Mitarbeiter*innen im besonderen, mich immer miteingeschlossen, die besseren Menschen oder Staatsbürger sind, wäre eine Lebenslüge. Nur weil Menschen Christen sind, sind sie eben keine besseren Menschen, keine Elite, sondern immer noch Teil einer gefallenen Welt, Teil einer Welt, die nicht so ist, wie Gott sie gewollt hat. Christen gehören zu dieser Welt, für die sie beten sollen und an deren Verbesserung sie beteiligt sein sollen.

Es ist erstaunlich, wieviel unserem Gebet zugetraut wird. Gebete sind ja Ausdruck der Hoffnung, mit Gottes Hilfe doch etwas bewegen zu können. „Beten heißt: Sich aus der Angst der Welt aufmachen und zum Vater gehen", hat Friedrich von Bodelschwingh gesagt. Beten heißt, die Welt wahrnehmen, wie sie ist, sich keine Illusionen machen über die Gesellschaft, die Menschen, über mich selbst.
Und dann mit allem zu Gott gehen, mit meiner Erlösungsbedürftigkeit genauso wie mit der der Anderen. Dann kann ich in Frieden Gott bitten, dass er uns alle erlöse, uns Wege zum Frieden, zur Liebe und zur Gerechtigkeit schenke. Und dann darf ich, mit dem Wissen um die Vorläufigkeit meines wie jedes Tuns, mich ans Werk machen, um diese Welt ein Stück weit zu ändern und darin auf Gott vertrauen, dass in und durch seine Gemeinde, den Leib Christi, das Not-wendige geschieht. Martin Luther hat es so ausdrückt: „Man muss beten, als ob alles Arbeiten nichts nützt, und arbeiten, als ob alles Beten nichts nützt. "

In diesem Sinne lassen sie uns, ab heute ganz offiziell, gemeinsam anfangen, jede und jeder mit ihrer bzw. seiner Gabe, jede und jeder so, wie sie bzw. er es am besten kann, ohne jedoch das andere gering zu schätzen. Lassen sie uns gemeinsam am Reich Gottes und für das Heil und die Wohlfahrt aller Menschen, angefangen hier in Espenau, beten und arbeiten.

Ich habe für dich gebeten...[8]

Das alte Jahr ist mit Bildern einer Katastrophe[9], mit Nachrichten über fast unvorstellbares menschliches Leid, gefolgt von einer Welle der Hilfsbereitschaft, ausgeklungen.

Obwohl - ich werde den Verdacht nicht los, dass das Interesse der sogenannten Weltöffentlichkeit nicht halb so groß wäre, wenn nicht so viele Europäer von dem Tsunami betroffen wären.

Aber darum soll es jetzt nicht gehen.

Viel interessanter ist die Frage, was derartige Ereignisse, was Naturkatastrophen - und da ist dieser Tsunami im Indischen Ozean, was die Zahl der Opfer anbetrifft, noch nicht einmal die größte - mit unserem Glauben machen. Oder berührt uns das gar nicht, weil es eine Naturgewalt ist, ein Schicksalsschlag, gegen den man zum einen nichts machen kann und der zum zweiten als solcher nichts mit Gott zu tun hat? Oder betrifft es meinen Glauben erst, wenn jemand getroffen wurde, den ich bzw. wir kennen?

Wenn wir jedoch in Wahrheit an „Gott, den Vater, den Allmächtigen, den Schöpfer des Himmels und der Erde" glauben, dann hat auch so ein Ereignis, dann hat das Leid jedes betroffenen Menschen etwas mit Gott und dem Glauben zu tun, weil es keine andere gleichwertige Macht - sei es die Natur oder das Schicksal oder das Böse - neben Gott gibt.

Angesichts dieses grundsätzlichen Problems, das eine Anfechtung des Glaubens bedeutet, höre ich die Losung für das neue Jahr 2005 als sehr tröstliches und Mut machendes Wort:

„Jesus Christus spricht: Ich habe für dich gebeten, dass dein Glaube nicht aufhöre." (Lukas 22,32)

Ich höre: Jesus Christus selbst betet für meinen Glauben. Jesus betet, dass mein Gottvertrauen, das in Christus gründet, nicht aufhöre; dass die Verbindung mit Jesus so fest und beständig ist, dass ich in und mit ihm am Vertrauen auf Gott, den Vater und Schöpfer, festhalten kann. Ich höre, dass es auch und vielleicht gerade beim Glauben nicht allein und nicht einmal zuerst auf mich und meine Kraft oder Stärke ankommt, sondern dass es andere oder doch mindestens einen anderen gibt, der für mich und meinen Glauben betet. Die Eltern und Großeltern unter uns möchte ich ermutigen: Beten sie für den Glauben ihrer Kinder und Enkel - und sagen sie es ihnen auch einmal. Ich bin überzeugt, dass diese Gebete nicht sinnlos sind, sondern hier und da Früchte bringen werden. Wie sie an sich sehen können, denn ich denke, auch für sie wurde, von wem auch immer, gebetet. Dieser Text zeigt mir, dass ich nicht alleine glaube oder glauben muss, sondern dass mein Glaube eingebettet ist in den Glauben einer Gemeinschaft und von ihr durch Gebete mitgetragen wird durch Zeiten der Anfechtung und Krisen hindurch.

Das führt zur Ausgangsfrage zurück: Was machen derartige Ereignisse, wie wir sie jetzt wieder erleben mussten, mit unserem, mit meinem Glauben? Wodurch wird der Glaube der Jünger so sehr erschüttert werden, dass Jesus ihnen ausdrücklich zusagt, für ihren Glauben zu beten?
Die Losung für das Jahr 2005 steht bei Lukas im großen Zusammenhang der Passionsgeschichte Jesu. Nach dem letzten Abendmahl redet Jesus noch einmal mit seinen Jüngern, bevor sie zum Garten Gethsemane aufbrechen, wo Jesus dann verhaftet werden wird. Jesus ahnt, dass seine Verhaftung und vor allem sein bevorstehender Tod das Vertrauen seiner Freunde in ihn und auch in Gott zutiefst erschüttern werden und er versucht ihnen so etwas wie Leuchtbojen oder Ret-

tungsringe des Trostes und der Hoffnung zu geben, damit sie die kommende Zeit bestehen können.

„Simon, Simon, siehe, der Satan hat begehrt, euch zu sieben wie den Weizen. Ich aber habe für dich gebeten, dass dein Glaube nicht aufhöre." (Lukas 22,31+32a)

Der Satan, Ankläger der Menschen vor Gott, insbesondere der Gerechten, will die Jünger wie Weizen sieben, will prüfen, entweder ob ihr Glaube wie Spreu verweht wird, sobald sie in Anfechtungen geraten, oder ob im Sieb nicht doch etwas zurückbleibt, was der Satan gegen die Jünger verwenden kann. So oder so werden die Jünger nicht vor dem Sieben des Satans, wie auch immer das dann aussehen wird, bewahrt.

Jesus betet im sogenannten hohenpriesterlichen Gebet, im Johannesevangelium Kapitel 17 (Vers 15): *„Ich bitte nicht: Nimm sie aus der Welt!, sondern: Bewahre sie vor dem Bösen!"* Lukas formuliert so: *„Ich habe für dich gebeten, dass dein Glaube nicht aufhöre."* Gott lässt zu, dass wir, dass unser Glaube geprüft wird - eine Erfahrung, die selbst Jesus machen musste.

Es war ein Ausdruck der Glaubenshoffnung und des Glaubenstrostes, dass im späten Mittelalter, als die Pest, der die Menschen hilflos ausgeliefert waren, Europa mehrfach heimsuchte, die Darstellungen des leidenden und sterbenden Christus zunahmen und immer realistischer ausgestaltet wurden und insbesondere in den Hospitälern der Zeit sich entsprechende Darstellungen fanden und finden.

Diese Bilder predigten den dort liegenden Menschen: Gottes Sohn selber war nicht vom Leid, von der Versuchung und der Anfechtung seines Glaubens ausgenommen, aber er hat ihn bewährt. Gott hat Jesus bewahrt und gerettet - und wenn ihr euer Vertrauen auf Christus nicht fahren lasst, wird er euch retten - auch durch das Leid und durch den Tod hindurch.

„Ich habe für dich gebetet, dass dein Glaube nicht aufhöre."

Trotzdem bleibt die offene Frage: Was hat Gott damit zu tun? Warum lässt Gott es zu, dass Menschen Leid widerfährt? Warum soll der Satan meinen Glauben prüfen dürfen?

Im Hintergrund des lukanischen Jesuswortes steht die Gestalt des Hiob[10]. Bereits vor dem Verlust seiner Gesundheit hatte Hiob alles andere verloren: zuerst seinen gesamten Viehbesitz mitsamt den Knechten durch räuberische Nomaden und Naturgewalt und schließlich auf einen Schlag alle Kinder durch einen Wirbelsturm. Ursache aller Katastrophen war jedoch nicht ein blindes Schicksal oder eine Schuld Hiobs bzw. seiner Kinder. Ursache war eine Art Wette zwischen Gott und Satan. Doch trotz allem: zunächst einmal bewährt sich Hiobs Glaube.

Erst als drei Freunde kommen und sieben Tage lang mit Hiob schweigen und trauern[11], bricht es aus Hiob heraus - und diese Worte gehören zum Erschütterndsten, was die Bibel überliefert.

„Ausgelöscht sei der Tag, an dem ich geboren bin, und die Nacht, da man sprach.' Ein Knabe kam zur Welt,' ... Warum bin ich nicht gestorben bei meiner Geburt? Warum bin ich nicht umgekommen, als ich aus dem Mutterleib kam?... Warum gibt Gott das Licht dem Mühseligen und das Leben den betrübten Herzen - die auf den Tod warten, und er kommt nicht, und nach ihm suchen mehr als nach Schätzen, die sich sehr freuten und fröhlich wären, wenn sie ein Grab bekämen?" (Hiob 3,3+11+20-22)

Hiob klagt Gott an, streitet mit ihm und seine Freunde versuchen Gott zu verteidigen, Gottes Tun zu rechtfertigen[12]. Doch am Ende[13] erhält Hiob von Gott Recht gegenüber seinen Freunden. Hiob anerkennt die ihm von Gott demonstrierte Schöpfermacht, er akzeptiert

Gottes Gottsein und des Menschen Geschöpflichkeit. Gott aber rechtfertigt Hiobs Widerspruch und Anklage, in der er jedoch Gott die Ehre gibt, während die Freunde mit ihren Rechtfertigungsversuchen Gottes Gottheit begrenzen und beschneiden, IHM also letztlich nicht die Ehre zubilligen, die IHM zusteht.

Auch Jesus rechtfertigt nicht Gottes Tun, er ringt mit Gott um das, was auf ihn zukommt, aber er hält bis in den Widerspruch und die Anklage des *„Mein Gott, mein Gott, warum hast die mich verlassen!"* (Psalm 22,2; Markus 15,34 par.) an seinem Gottvertrauen fest - und wird von Gott gerechtfertigt, auferweckt. Im Nachhinein enthüllt sich, zunächst für die Jünger, dann für alle, die der Predigt vom Kreuz vertrauen, der Sinn jener eigentlich sinnlosen menschlichen Katastrophe.

Vielleicht gibt es ja jetzt schon darin einen Sinn, dass viele Menschen sich von der Not berühren lassen und zu Nächsten werden, dass wir und die Menschen dort diese große Hilfsbereitschaft und Solidarisierungswelle erleben, dass auf einmal viele erfahren und verstehen: Wir sind nicht allein und was dort passiert, geht auch uns hier im reichen Norden etwas an. Wir leben in <u>einer</u> Welt - und was ursprünglich einmal im Blick auf die christliche Ökumene gesagt wurde, dass, wenn ein Glied am Leib Christi leidet, alle Glieder mitleiden, das durchaus auch darüber hinaus gilt.

Doch wie auch immer: Wir erhalten keine allgemeingültigen Erklärungen. Aber wir sind durch die Jahreslosung eingeladen auch im Widerspruch am Vertrauen auf den Gott Jesu Christi festzuhalten, für unsere Nächsten zu beten und ihnen Trost und Hoffnung zu schenken.

Denn *„Jesus Christus spricht: Ich habe für dich gebetet, dass dein Glaube nicht aufhöre."*

Ich bin der Herr, dein Arzt[14]

4 Da brachen sie auf von dem Berge Hor in Richtung auf das Schilfmeer, um das Land der Edomiter zu umgehen. Und das Volk wurde verdrossen auf dem Wege

5 und redete wider Gott und wider Mose: Warum hast du uns aus Ägypten geführt, dass wir sterben in der Wüste? Denn es ist kein Brot noch Wasser hier und uns ekelt vor dieser mageren Speise.

6 Da sandte der HERR feurige Schlangen unter das Volk; die bissen das Volk, dass viele aus Israel starben.

7 Da kamen sie zu Mose und sprachen: Wir haben gesündigt, dass wir wider den HERRN und wider dich geredet haben. Bitte den HERRN, dass er die Schlangen von uns nehme. Und Mose bat für das Volk.

8 Da sprach der HERR zu Mose: Mache dir eine eherne Schlange und richte sie an einer Stange hoch auf. Wer gebissen ist und sieht sie an, der soll leben.

9 Da machte Mose eine eherne Schlange und richtete sie hoch auf. Und wenn jemanden eine Schlange biss, so sah er die eherne Schlange an und blieb leben.

(4. Mose 21,4-9)

Ein merkwürdiger Text, was vor allem die Rolle der Schlange bzw. der Schlangen betrifft. Zwei Traditionen fließen in diesem Motiv zusammen und werden mit Hilfe der Erzählung in den biblischen Gottesglauben integriert.

Zum einen: Können sie sich, könnt ihr euch etwas unter einer „feurigen Schlange" vorstellen?
Wer nur ein bisschen in der Welt der Sagen und Legenden zu Hause ist, beginnend bei der Legende des heiligen Georg bis hin zu Tolkiens „Kleinem Hobbit", dem dürfte die Antwort nicht so schwer fallen:

„Feurige, geflügelte Schlangen", so die Bedeutung des hebräischen Wortes, sind nach unserem alten Sprachgebrauch „Lindwürmer" bzw. „Drachen", jene Tod und Verderben verbreitenden und Furcht einflößenden Wesen einer unvordenklichen Urzeit, die seit etwa zehn, fünfzehn Jahren und den „Jurassic-Parc"-Filmen unter anderem Namen überall präsent sind.

In diesen Wesen, wie auch immer sie genannt werden, verdichtet sich die Erfahrung des Chaos, die Erfahrung von Natur, die menschlicher Herrschaft entzogen ist, die, wenn sie über den Menschen kommt, kein Entrinnen ermöglicht. Gott, das will diese Erzählung verdeutlichen, hat auch solche Ereignisse, solche Wesen in seiner Hand. Es ist kein undefinierbares Schicksal, sondern Gottes Zorn, der in dem erzählten Beispiel diese Plage, diese Unheilsmächte freilässt. Es ist sein Zorn, vor dem es kein Entrinnen gibt.

Was war geschehen? Das Volk Israel hatte vor dem Einmarsch in das verheißene Land Kundschafter ausgeschickt. Diese hatten nach ihrer Rückkehr teilweise böse Gerüchte über das Land verbreitet, woraufhin das Volk gegen Mose und Gott meuterte und den Einzug verweigerte. Als Konsequenz musste das Volk vierzig Jahre durch die Wüste wandern, bis die alte Generation gestorben und eine neue Generation herangewachsen sein würde.[15] Aber statt nun diese „Strafe" anzunehmen - und so die Zeit des Wartens als Zeit der Buße zu nutzen - lehnt sich das Volk wieder und wieder auf. Sie sind *„verdrossen"* = „erschöpft" und beklagen das Fehlen von Brot und Wasser, obwohl sie von Gott täglich das Manna bekommen (die im Text genannte *„magere Speise"*) und Mose immer wieder für frisches Wasser sorgt. Und deshalb überfällt sie die Strafe Gottes, wie einen, was wahrscheinlich manche Ältere unter ihnen noch so erlebt haben, früher die Strafe des Vaters, des Lehrers oder auch des Pfarrers überfiel.

Ich muss ihnen gestehen, dass ich mit so einem Gott irnmer noch meine Probleme habe. Und es muss heute gefragt werden, ob so harte Strafen nach dem Motto des Hebräerbriefes *„wer seinen Sohn liebt, der züchtigt ihn"* (vgl. Hebräer 12,6+7) ein angemessenes Mittel der Erziehung sind. Hier bleibt als offene Frage diese als Strafe interpretierte Plage, die unverständliche und harte Hand Gottes, stehen. Das ist nicht und das wird auch nicht der „liebe" Gott. Und trotzdem ist es Gott, unser Gott, der von uns eben auch so erlebt werden kann bzw. wird: hart, strafend, verborgen.

Aber, und auch das mag uns teilweise unverständlich vorkommen, das Volk wendet sich nicht von Gott ab, sondern wendet sich mit der Bitte um Hilfe und Vergebung gerade an diesen seinen Gott. Hier wird, wie es Jesus in noch einmal ganz anderer Situation am Kreuz praktizierte und wie es Martin Luther immer wieder anmahnte, an Gott gegen Gott festgehalten. Der Zorn Gottes ist nicht sein letztes Wort, wir sollen und dürfen uns an Gottes Barmherzigkeit und Verheißung klammern und sie ihm vorhalten. Zwar bleiben die Schlangenbisse - und der vorgetragene Wunsch des Volkes wird nicht erfüllt - aber es wird von Gott die Möglichkeit der Heilung und damit des Lebens eingeräumt.

Und damit komme ich zur zweiten angesprochenen Traditionslinie, die sich in dieser Erzählung findet. Mose machte daraufhin nach Anweisung Gottes eine *„eherne Schlange"* und richtete diese an einem Stab auf. Einmal abgesehen davon, dass die eherne Schlange wohl ein Abbild der *„feurigen Schlangen"* war, - kommt ihnen / euch dieses Zeichen einer an einem Stab befestigten, um einen Stab gewundenen Schlange nicht bekannt vor?
Ich meine den sogenannten Äskulapstab, das Standeszeichen der Ärz-

te, das sich von dem schlangengestaltigen griechischen Gott der Heilkunde Asklepios / Aesculapius ableitet. Die Tempel dieses Gottes waren in der Antike gleichzeitig auch Heilstätten und es war dieser Gott des Heilens, der dem Heiland aus Nazareth mit am längsten Widerstand leistete, ca. 600 Jahre lang.

Vergleichbare erdverbundene schlangengestaltige Gottheiten des Heilens gab es bei fast allen Völkern im Mittelmeerraum. In unserer biblischen Geschichte werden diese göttlichen Wesen radikal entmachtet. Gott allein gewährt Heilung bzw. die Gabe des Heilens. *„Ich bin der Herr, dein Arzt"* (2. Mose 15,26) sagt Gott zu seinem Volk unmittelbar nach der Flucht aus Ägypten.

Die eherne Schlange war nicht Gott; sie war nur ein von Gott, der allein Hilfe gewähren kann, gegebenes Zeichen. Nicht auf das Leid, auf die Plage starren, sondern im Leid, in der Plage auf das blicken bzw. auf den blicken, der allein Hilfe und Heilung geben kann, dazu will diese Erzählung aufrufen.

In diesem Sinne greift dann auch Jesus diese Szene auf. In Johannes 3 sagt er: *„Wie Mose in der Wüste die Schlange erhöht hat, so muss der Menschensohn erhöht werden, damit alle, die an ihn glauben, das ewige Leben haben."* (Johannes 3,14+15) Gemeint ist das Kreuz, das für uns das Zeichen ist, auf das wir in unserer Not und Schuld, in unserem Leid blicken dürfen und sollen um Heil bzw. Heilung für unser Leben zu erhalten.

Mir hat zu diesem Verständnis eine Deutung des Isenheimer Altars geholfen: Im Zentrum des Mittelbildes ist Christus dargestellt, der, durch Hautgeschwüre entstellt, mit Striemen am Leib, in verrenkter und verkrampfter Haltung am Kreuz hängt. Dieser Altar war ursprünglich in einem Hospital angebracht, in dem Kranke, Todkranke durch Mönche gepflegt wurden. Sie konnten ständig zu diesem Jesus aufblicken, der ihre Krankheit trug. Und das war nun nicht mehr nur ein Zeichen, sondern Gott selbst in seinem Sohn Jesus Christus, der dort hing und der so für alle, die zu ihm aufblickten und ihm vertrauten, zum Heiland, zum Arzt der Seelen in ihrer damals unheilbaren Krankheit wurde.

Die eherne Schlange ging verloren, sie wurde von König Hiskija zerstört und aus dem Tempel entfernt. Aber wir brauchen sie, Gott sei Dank, auch nicht mehr; weil wir Christus haben, seine Erhöhung ans Kreuz. Durch das nicht abgestellte Leiden des Kreuzes hindurch wurde er in der Auferstehung erhöht zum Herrn über Himmel und Erde.

Das Leiden wird nicht einfach beseitigt, das mag uns unverständlich erscheinen angesichts heutiger Leidensdimensionen; aber im Leiden ist Gott selber an der Seite seiner Menschen und hilft; wenn wir nur wegblicken und aufblicken zu dem, der am Kreuz hing.

Mutige Frauen[16]

15 Und der König von Ägypten sprach zu den hebräischen Hebammen, von denen die eine Schifra hieß und die andere Pua:
16 Wenn ihr den hebräischen Frauen helft und bei der Geburt seht, dass es ein Sohn ist, so tötet ihn, ist's aber eine Tochter; so lasst sie leben.
17 Aber die Hebammen fürchteten Gott und taten nicht, wie der König von Ägypten ihnen gesagt hatte, sondern ließen die Kinder leben.
18 Da rief der König von Ägypten die Hebamrnen und sprach zu ihnen: Warum tut ihr das, dass ihr die Kinder leben lasst?
19 Die Hebammen antworteten dem Pharao: Die hebräischen Frauen sind nicht wie die ägyptischen, denn sie sind kräftige Frauen. Ehe die Hebamme zu ihnen kommt, haben sie geboren.
20 Darum tat Gott den Hebammen Gutes. Und das Volk mehrte sich und wurde sehr stark.
21 Und weil die Hebammen Gott fürchteten, segnete er ihre Häuser.
22 Da gebot der Pharao seinem ganzen Volk und sprach: Alle Söhne, die geboren werden, werft in den Nil, aber alle Töchter lasst leben.

(2. Mose 1,15-22)

Frauen, mutige Frauen, spielen in der Bibel oft eine herausragende Rolle. In der Vorgeschichte zu Weihnachten, wie sie der Evangelist Lukas erzählt, sind es Elisabeth und Maria, hochbetagt die eine, blutjung die andere, die von Gott für eine besondere Aufgabe ausgesucht wurden. Beide sollen sie und werden sie ein Kind bekommen, das etwas besonderes sein wird - mit denen Gott seiner Geschichte mit den Menschen, seiner Heils- und Befreiungsgeschichte eine neue, entscheidende Wendung geben will.

Nicht mehr nur gegen die Herrscher und Möchtegern-Götter dieser Welt soll es mit Elisabeths und Mariens gehen, sondern gegen den letzten Feind, den Tod selbst. Gott wird Mensch, damit der Tod, damit sein absoluter Griff nach dem Leben der Menschen, sich an Gott selbst zu Tode läuft.

Am Anfang einer anderen Heilsgeschichte, der Befreiungsgeschichte Gottes mit seinem Volk Israel, stehen ebenfalls mutige, gottesfürchtige Frauen:

15 Und der König von Ägypten sprach zu den hebräischen Hebammen, von denen die eine Schifra hieß und die andere Pua.

So wie die Geburt Jesu, auf die wir uns im Advent vorbereiten, eine Vorgeschichte hat, so hat auch die Geburt eines anderen, früheren Befreiers eine Vorgeschichte: wie Jesus wird auch Mose in einer Zeit der Unsicherheit, Gefährdung, ja sogar Existenzbedrohung des Volkes Israel geboren.

Josef und sein segensreiches Wirken für Ägypten sind längst vergessen, eine neue, einheimische Dynastie ist an der Macht und die Fremden, was die Hebräer, Nachkommen Josefs und seiner Brüder, in Ägypten und für die Ägypter sind, werden ausgegrenzt und unterdrückt, werden für die Drecks- bzw. Zwangsarbeit herangezogen. Trotzdem nahm ihre Zahl zu und Angst vor Überfremdung erfasste die Ägypter. Mit fremdenfeindlichen Parolen war anscheinend schon immer gut Politik zu machen.

Und deshalb erhalten die beiden Hebammen der Hebräer - nebenbei bemerkt: wenn zwei Hebammen für alle Geburten der Hebräer reichten, kann ihre Zahl noch nicht so groß gewesen sein, wie es die Propaganda der Ägypter glauben machen will - vom Pharao, der seinem Volk als Gott gilt, einen geradezu teuflischen Auftrag:

16 Wenn ihr den hebräischen Frauen helft und bei der Geburt seht, dass es ein Sohn ist, so tötet ihn; ist's aber eine Tochter, so lasst sie leben.

Der Zugriff wird härter und grausamer: Die Jungen, potentielle Krieger und Gegner der Ägypter, sollen sofort nach der Geburt getötet werden. Als moderne Parallele fällt mir das Massaker von Srebrenica[17] ein: mehr als 8.000 bosnische Männer, junge und alte, wurden von den Serben nach der Einnahme der Stadt selektiert und massakriert, während die Frauen und Mädchen und die ganz Alten laufen gelassen wurden. - Die hebräischen Mädchen, das ist wahrscheinlich der dahinter liegende Gedanke, können ägyptischen Männern ägyptische Kinder gebären - oder, noch schlimmer, aber bis heute leider grausame Realität, den ägyptischen Soldaten für besondere Dienste zur Verfügung stehen.

Der Pharao meint, den beiden Hebammen vertrauen zu können oder sie doch wenigstens durch implizite Androhung von Gewalt zur Folgsamkeit, zur Kollaboration zwingen zu können. In sehr frühen Übersetzungen der hebräischen Bibel ist interessanterweise nicht von hebräischen Hebammen, sondern von „Hebammen der Hebräer" die Rede, ihre Volkszugehörigkeit wird offen gelassen, es könnten auch Ägypterinnen gewesen sein, was wiederum ihre Reaktion auf das Ansinnen des Pharao heraushebt:

17 Aber die Hebammen fürchteten Gott und taten nicht, wie der König von Ägypten ihnen gesagt hatte, sondern ließen die Kinder leben.
Die beiden Hebammen, Schifra (d.h. Schönheit) und Pua (d.h. Mädchen) verweigern sich dem Befehl, weil sie Gott fürchten. Sie solidarisieren sich mit ihren hebräischen Schwestern, sie solidarisieren sich mit den Kindern und überlisten den Pharao, der ihnen nichts entgegenzusetzen weiß. Denn Schwangerschaft und Geburt und was dazugehört sind Frauensache, da hat der männliche „Gott", Pharao, keinen direkten Zugang und Zugriff.

Erst viel später versuchten Männer - im Namen eines anderen Gottes - solche Frauen zu Hexen zu stempeln und sie so aus diesem Bereich zu verdrängen, was ihnen aber bis heute nicht zur Gänze gelang. Welch Ironie: der Gott, der einst sich mit Frauen, Hebammen, verbündete, um die Kinder seines Volkes zu retten, um selbst als Mensch zur Welt zu kommen, wird später zum Verbündeten von um Macht und Einfluss ringenden Männern, Medizinern, gemacht.

18 Da rief der König von Ägypten die Hebammen und sprach zu ihnen: Warum tut ihr das, dass ihr die Kinder leben lasst?
19 Die Hebammen antworteten dem Pharao: Die hebräischen Frauen sind nicht wie die ägyptischen, denn sie sind kräftige Frauen. Ehe die Hebamme zu ihnen kommt, haben sie geboren.

Man hört die Hilflosigkeit des Pharao und kam die List der Hebammen nur bewundern. Weil sie wahrscheinlich Ägypterinnen sind, können sie - unwidersprochen - damit argumentieren, dass die kräftigeren Hebräerinnen immer schon geboren haben, wenn sie denn endlich bei ihnen sind - und schon abgenabelte, lebende Kinder sollen sie ja nicht töten. Mutige Frauen widersetzen sich auf eine sehr subversive Weise einer diktatorischen Willkürmaßnahme; lassen, weil sie den Gott der Bibel, den Schöpfer und Erhalter allen Lebens, fürchten, den Zugriff des Todes ins Leere laufen, degradieren „Gott" Pharao zum Götzen, dem keine wirkliche Macht gegeben ist.

20 Darum tat Gott den Hebammen Gutes. Und das Volk mehrte sich und wurde sehr stark.
21 Und weil die Hebammen Gott fürchteten, segnete er ihre Häuser.

Gott selbst enthüllt sich als der eigentliche Gegenspieler des Pharao. In dieser Geschichte noch verborgen und indirekt durch die beiden Hebammen, die deshalb Gutes erfahren, deren Großfamilie gesegnet, also: gemehrt wird. Später dann, als Mose auftritt, werden Gott und Pharao direkt aufeinandertreffen.

Weil auch dieser zweite Plan des Pharao gescheitert ist, versucht er in einem dritten Schritt sein ganzes Volk dazu zu bringen, das zu tun, was die beiden Hebammen verweigert haben:

22 Da gebot der Pharao seinem ganzen Volk und sprach: Alle Söhne, die geboren werden, werft in den Nil, aber alle Töchter lasst leben.

Es ist eine feine Ironie der Erzählung, dass der Pharao mit diesem Befehl schon in seiner eigenen Familie scheitert: Seine eigene Tochter wird in der Fortsetzung der Geschichte[18] den im Nil ausgesetzten hebräischen Knaben, den sie findet, am Leben lassen, ihm den ägyptischen Namen Mose geben und ihn am königlichen Hof als ihr eigenes Kind aufziehen. Den Mose, der später seinem Volk auf Gottes Geheiß die Rettung aus Sklaverei und Unterdrückung brachte, sie in die Freiheit führte.

Der Gott der Bibel, so will der Erzähler deutlich machen, behält alle Fäden in der Hand. ER ist nicht nur beschränkt auf Menschen seines Volkes, sondern auch Fremde, Menschen anderer Volkszugehörigkeit, anderen Glaubens kann ER zu seinen Werkzeugen machen. Gottesfurcht ist auch anderswo zu finden und zu respektieren.

Und der Erzähler macht mit dem subversiven Widerstand der Hebammen deutlich, dass Gott auf Seiten des Lebens steht, dass ER mit Schwachen und Hilflosen solidarisch ist - sich zuallerletzt selbst in menschliche Schwachheit und Hilflosigkeit hinein begibt, sie aushält bis zum letzten, um durch den Tod hindurch dem wahren Leben zum Sieg zu verhelfen.

Folge mir nach![19]

Was bedeutet „Nachfolge Jesu"? Welche Konsequenzen hat es, zu Jesus zu gehören, mit seinem Namen benannt, also getauft zu sein? Was heißt es, heute dem Beispiel Jesu zu folgen? Reicht es da, ein guter Mensch zu sein bzw. nichts Böses getan zu haben? Was bedeutet konsequente Nachfolge für Menschen, die sich in einer sozial eher gesicherten Position befinden, wie die meisten von uns, wie der Hauptadressat des Lukasevangeliums?

Der Evangelist Lukas versucht eine Antwort mit der folgenden Erzählung:

57 Und als sie auf dem Wege waren, sprach einer zu ihm: Ich will dir folgen, wohin du gehst.

58 Und Jesus sprach zu ihm: Die Füchse haben Gruben und die Vögel unter dem Himmel haben Nester; aber der Menschensohn hat nichts, wo er sein Haupt hinlege.

59 Und er sprach zu einem andern: Folge mir nach! Der sprach aber: Herr, erlaube mir, dass ich zuvor hingehe und meinen Vater begrabe.

60 Aber Jesus sprach zu ihm: Lass die Toten ihre Toten begraben; du aber geh hin und verkündige das Reich Gottes!

61 Und ein andrer sprach: Herr, ich will dir nachfolgen; aber erlaube mir zuvor, dass ich Abschied nehme von denen, die in meinem Haus sind.

62 Jesus aber sprach zu ihm: Wer seine Hand an den Pflug legt und sieht zurück, der ist nicht geschickt für das Reich Gottes.

(Lukas 9, 57-62)

Wie geht es ihnen mit diesem Text?

Ich habe inzwischen Probleme damit. Und als ich diesen Text jemandem zeigte, bekam ich als Antwort: Das ist nicht das, was die

Leute hören wollen. Das mag sein, ist allerdings auch nicht zuerst und vor allem Sinn und Zweck der Bibel oder einer Predigt, darin soll(te) es um Wahrheit gehen, auch wenn die vielleicht unbequem ist. Und unbequem, radikal sind diese Worte Jesu.

Ich habe einmal nachgeschaut und festgestellt, dass ich in meiner ersten eigenen Bibel zwei der drei Spitzensätze dieses Textes rot unterstrichen habe, nämlich den, dass die Toten ihre Toten begraben sollen und den letzten, dass der, der seine Hand an den Pflug legt und zurückschaut, nicht geschickt ist für das Reich Gottes. Inzwischen könnte ich das nicht mehr so einfach unterstreichen, weil ich selbst Eltern bzw. Großeltern begraben musste, weil ich gelernt habe, dass der Blick zurück, dass die Besinnung auf Herkunft und Tradition sinnvoll und bedeutsam ist. Doch meine Probleme mit diesem Text, die Möglichkeit, dass sie bzw. ihr so etwas nun gerade nicht hören wollt, ändern nichts daran, dass er in der Bibel steht, dass Jesus hier in einer geradezu verletzenden Art und Weise redet. Abschwächen, schönreden, die Spitzen weginterpretieren, das ist möglich, aber nicht redlich, weil hier etwas Anderes, Radikales steht, das durchaus zu anderen Aussagen Jesu, wie sie das Lukasevangeliums überliefert, passt! Was tun?!
Drei Dinge sind es gewesen, die mir diesen Text aufgeschlossen und etwas näher gebracht haben, ihn mir in seiner Radikalität und Kompromisslosigkeit verständlicher gemacht haben.

Das erste sind die vielfältigen biblischen Querbezüge dieses Textes bzw. der Antworten Jesu:
Der für mich offensichtlichste Anknüpfungspunkt ist der an die Erzählung[20] von der Berufung Elischas als Nachfolger des Propheten Elia. Lukas will mit der Anspielung auf diese Geschichte zum

Ausdruck bringen, dass Jesus nicht der wiederkehrende Prophet Elia ist, dessen Auftreten damals als Ankündigung des Tags des Herrn erwartet wurde, wie der Prophet Maleachi[21] es angekündigt hatte.

Jesus ist <u>mehr</u> als Elia. Jesus ist radikaler, kompromissloser. Er *„bekehrt das Herz der Väter* nicht *zu den Söhnen und der Söhne zu ihren Vätern"*[22], Jesus löst Familienbande auf, weil es für ihn nur eine Bindung gibt, die an Gott, den Vater, die dann auch ganz neu und neue „Familienbande" schafft.[23] Ob ich das will?!

Der zweite für mich mit einem Aha-Erlebnis verbundene Bezug ist der zu Kain[24], der die vor seiner Tür lauernde Sünde des Neids und des Hasses auf seinen Bruder Abel einließ und dafür mit einem unsteten und flüchtigen Leben bestraft wurde – aber geschützt durch das ihm von Gott gegebene Kainszeichen. Jesus ist, wie der Hebräerbrief sagt, *„in allem seinen Brüdern gleich... doch ohne Sünde"* (Hebräer 2,17 + 4,15), und dennoch unbehaust. Er trägt die Strafe Kains, aber er ist schutzlos wie Abel und lässt sich töten, damit die Sünde sich totläuft, damit die Menschen, wir, seine Brüder und Schwestern, wieder Heimat finden können, bei Gott. Aber ob ich das wirklich will und kann: heimatlos, obdachlos sein hier, für die ewige Heimat, das Zuhause dort?!

Der dritte biblische Bezug geht auf das „Heute" bzw. das „Jetzt"[25], in dem uns der Anspruch, der Ruf Gottes erreicht und in dem wir gefordert sind zu reagieren, zu antworten. Jetzt und sofort sollen wir folgen, wenn Gott redet, wie Abraham es tat, als Gott ihn aus seiner Heimat Haran rief.[26]

Als Analogie ist mir die Situation von Notfallhelfern eingefallen, Feuerwehr, Notarzt, auch Notfallseelsorger. Wenn der Melder losgeht, bedeutet das alles andere stehen und liegen lassen, sofort aufbrechen, weil es um Leben und Tod geht. Jede Verzögerung kann ein Zu-Spät bedeuten, jeder Blick zurück, das Regeln von Angelegenheiten, die vermeintlich unbedingt noch sein müssen, kann, wie bei Lots Frau[27], die Erstarrung, den Tod nach sich ziehen. Und Jesus ist er der Meinung, dass es beim Anruf Gottes um Leben und Tod geht: ER ruft uns zum Leben, zum österlichen Leben, das den Tod überwunden hat. Aber will ich wirklich alles zurücklassen für ein Leben mit Jesus, in seiner Nachfolge?

Das zweite, was mir zum Verstehen geholfen hat, ist die Einsicht, dass der Ruf Jesu in die Nachfolge als Ruf zum ersten Gebot zu verstehen ist: *„Ich bin der Herr, dein Gott, der ich dich aus Ägyptenland, aus der Knechtschaft, geführt habe. Du sollst keine anderen Götter haben neben mir."* (2. Mose 20,2+3) „Was ist das?", fragt Martin Luther im Kleinen Katechismus und fügt als Antwort an: „Wir sollen Gott über alle Dinge fürchten, lieben und vertrauen." (vgl. EG EKKW 806.1)
Jesus sagt es in der Bergpredigt so: *„Wo dein Schatz ist, da ist auch dein Herz"* (Matthäus 6,21) – und fährt etwas später fort: *„Trachtet zuerst nach dem Reich Gottes und nach seiner Gerechtigkeit, so wird euch das* (Kleidung, Nahrung) *alles zufallen"* (Matthäus 6,33). Und ganz ehrlich: Hängt nicht unser aller Herz – wenigstens ein bisschen – an unserer Heimat, unserem Zuhause, dem Dach über unserem Kopf? Hängen nicht unsere Herzen an unseren Verstorbenen, so dass wir immer wieder ihre Gräber aufsuchen, bis dahin, dass manche eben wirklich nicht loslassen können, der Verstorbene ihr Denken, ihr Herz geradezu besitzt und ein Leben in der Gegenwart schwer, wenn nicht sogar unmöglich macht? Hängen nicht unsere - gerade auch kirchlichen - Herzen an der Tradition, dem Herkommen, das dann den Blick nach vorne, den Blick auf Neues, für notwendige Veränderungen, verstellt?

Schwimme ich nicht lieber mit dem Strom, hänge meine Fahne nach dem Wind – als mich dagegen zu stellen? Bin ich dazu bereit? Will ich das wirklich? Ich bin mir da nicht mehr so sicher!

Und damit komme ich zum dritten, was mir den Text ein Stück weit aufgeschlossen hat, ein Gedicht des deutschen Philosophen Friedrich Nietzsche, in dem er die Konsequenzlosigkeit des christlichen Glaubens aufs Korn nimmt. Ich zitiere:

„Die Krähen schrein
Und ziehen schwirren Flugs zur Stadt:
Bald wird es schnein, -
Wohl dem, der jetzt noch - Heimat hat.

Nun stehst du starr,
Schaust rückwärts, ach! wie lange schon!
Was bist du Narr
Vor Winters in die Welt entflohn?
…
Die Krähen schrein
und ziehen schwirren Flugs zur Stadt:
Bald wird es schnein, -
Weh dem, der keine Heimat hat!"[28]

Die Christen haben sich eingerichtet, meint Nietzsche, sind nicht bereit, die Konsequenzen ihres Glaubens zu tragen, die Nachfolge als Aufbruch, als Unterwegssein, als Wanderung und damit als Heimat- und Obdachlosigkeit zu verstehen, die Einsamkeit auf sich zu nehmen, die der Aufbruch aus der Heimat, aus dem Gewohnten nach sich ziehen kann, den Weg durch die Wüste, die Kälte zu gehen.

Warum eigentlich nicht? Für Nietzsche gab es noch keine neue Heimat, er musste sie sich erst noch erschaffen.

Wir Christen sind doch in Wahrheit nicht unterwegs ins Ungewisse, wir kennen das Ziel, die Heimat, die wir erreichen wollen und hoffentlich werden. Und trotzdem – bin ich bereit? Will ich das?

Diese Frage muss jeder für sich beantworten, sie bleibt als Stachel in unserem, meinem Leben! An anderer Stelle im Lukasevangelium stellen die, die solche Rede Jesu hören, die Frage: *„Wer kann dann selig werden?"* (Lukas 18,26) Und Jesus antwortete: *„Was bei den Menschen unmöglich ist, das ist bei Gott möglich."* (Lukas 18,27)

Bevor der Hahn kräht[29]

„In der Nacht, da er verraten ward" (1. Korinther 11,23c), feierte Jesus das Passah-Mahl mit seinen Jüngern und sagte die bekannten Deute-worte über Brot und Wein. Dieses Mahl steht in jener *„Nacht, da er ver-raten ward"* ganz unzweideutig im Mittelpunkt – aber um dieses Fest-mahl herum geschahen noch sehr viel mehr merk-würdige Dinge: Gespräche mit den Jüngern, die Lukas überliefert[30], die Fußwaschung und die Abschiedsreden nach dem Johannesevangelium[31], schließlich das Gebet Jesu im Garten Gethsemane, seine Verhaftung und das Ver-hör[32]. Und das, worüber ich etwas eingehender nachdenken möchte: die Verleugnung des Petrus.

Während des Festmahls hatte Petrus noch mit Überzeugung behaup-tet, er werde Jesus niemals verlassen – und dann… Was dann geschah findet seine Darstellung und Deutung in dem (abgebildeten) Wand-teppich.[33]

Groß und durch das rot-orange Gewand herausragend fällt die, wie der Gesichtsausdruck nahe legt, traurige Gestalt des Petrus sofort ins Auge. Die Hände schlägt er vor das Gesicht, entsetzt und schamvoll will er sein Antlitz verbergen. Man spürt ihm die Reue ab, die er emp-findet: Vor wenigen Stunden erst behauptete er: *„Und wenn sie alle Är-gernis nehmen, so doch ich nicht"* (Markus 14,29), und bekräftigte es, nachdem Jesus ihm auf den Kopf zugesagt hatte, das er ihn verraten werde, noch einmal: *„Auch wenn ich mit dir sterben müsste, werde ich dich nicht verleugnen!"* (Markus 14,31)
Und nun ist genau das eingetreten, was Jesus hellsichtig angekündigt hatte: Petrus hat versagt, hat seine großspurige Rede Lügen gestraft, ist vor einer Magd und vor Knechten des Hohepriesters eingeknickt. Ich denke, dass der Mantel, den Petrus um die Schulter trägt, nicht ohne Grund in violetter Farbe gehalten ist, der Farbe der Buße, der

Reue und der Umkehr. Doch im Augenblick ist es zu spät, die Worte sind heraus, sind gesagt und können auch nicht mehr zurückgenommen werden.

Über Petrus ist so ein komischer Vogel zu erkennen, vornübergebeugt steht er auf einer Art Stange, mit ausgebreiteten Flügeln und gespreizten Schwanzfedern – als schrie, krähte er mit ganzer Kraft dem Petrus ins Ohr und ins Gewissen. Es ist der Hahn, von dem Jesus gesagt hatte: *„ehe der Hahn zweimal kräht, wirst du mich dreimal verleugnen"* (Markus 14,30). Es ist - die Assoziation kam mir - der Hahn der Bremer Stadtmusikanten, den der entsetzt fliehende Räuber für den Richter hielt, der ihm hinterhergerufen haben soll: „Bringt mir den Schelm her!"

Erst auf den zweiten Blick fallen die drei anderen nur halb so großen Menschen, eine Frau und zwei Männer, ins Auge. Sie wenden sich dem Mann in der Mitte zu: die Frau und einer der Männer zeigen mit dem Finger auf ihn: *„Du warst auch mit dem Jesus von Nazareth; du bist einer von denen"* (Markus 14,67+69), während der zweite Mann noch nachzudenken scheint, bis er schließlich feststellt: *„Wahrhaftig, du bist einer von denen, denn du bist ein Galiläer"* (Markus 14,70), deine Sprache, dein Aussehen verraten dich! Ein Mechanismus, der bis heute funktioniert, wie man gerade anschaulich am Umgang russischer Politiker, russischer Menschen mit Menschen, die „kaukasisch" aussehen, erleben kann.[34] In Krisenzeiten werden Menschen, die – warum auch immer - anders sind, schneller ausgegrenzt und zu Sündenböcken gemacht. Aber auch wenn die drei von sich wegweisen, der Hahn kräht auch über ihnen, ruft ihnen ihre Schuld ins Gewissen, weil sie Petrus in Sippenhaft nehmen, weil sie mithelfen den Unschuldigen zu verurteilen.

Es scheint alles hoffnungslos traurig zu sein – und ich habe mich schon oft gefragt, was dieses deprimierende Bild mit den traurigen bzw. seltsamen Gestalten in unserer Kirche soll. Aber es stecken doch auch Hoffnung, Freude, Zukunft in diesem Bild, wenn auch verborgen; obgleich, wenn man einmal darauf gestoßen wurde, es deutlich vor Augen liegt.

Der ganze Hinter- bzw. Untergrund der Darstellung ist in verschiedenen Grüntönen gehalten. Grün ist, wie gestern ein Kind aus dem Kindergarten wusste, die Farbe der Hoffnung. Und irgendwann fällt auf, dass die dunkleren Grünflächen die Form eines Kreuzes haben, dass die Gestalten, Menschen und Tier, kreuzförmig angeordnet sind: Was die Menschen tun, trägt dazu bei, dass Jesus gekreuzigt wird, Schuld bleibt Schuld, das ruft der Hahn immer wieder in Erinnerung.

Das Kreuz war das schmähliche Ende des Lebens Jesu, und war doch auch seine Erhöhung, weil Jesus trotz allem Verrat, trotz aller Einsamkeit, trotz allen Leides an Gott, dem Vater, festhielt, und der Jesu Vertrauen nicht enttäuschte, Jesus nicht im Tod ließ, sondern ihn auferweckte und zu seiner Rechten erhöhte. Darum ist von Ostern her das Kreuz Zeichen der Hoffnung, Zeichen der Liebe Gottes, die uns trotz Schuld und im Tod nicht verlässt.

Dann erhält auch das letzte Detail seine Bedeutung: die Blumen in den vier Eckfeldern und die über den ganzen Teppich rankenden Pflanzen. Sind es Rosen, Tulpen, Mohnblumen? Mich erinnert es an das wunderbare Mohnblumenfeld auf dem Friedrichsplatz während der letzten documenta[35], das lange hoffnungslos schien und von dem zuletzt alle begeistert waren angesichts seiner roten Pracht. Rot, das ist die Farbe der Liebe, die Jesus neues Leben schenkte, die Petrus vergibt und ihn von neuem in Dienst nimmt, die Petrus schließlich bis zum legendenumrankten Märtyrertod in Rom wirken lässt - es sei an die bereits eingangs erwähnte Farbe des Untergewands des Petrus erinnert. Und sind ihnen die blauen Blätter der Blumen in den Eckfeldern aufgefallen – als ob der Himmel durchscheinen würde.

„In der Nacht, da Jesus verraten ward" ereignete sich viel, viele trugen ihren Teil an der Schuld des Verrats – nicht nur Judas. Doch das wunderbare und hoffnungsvolle ist für mich, dass sie alle, Petrus, Judas Iskariot, Johannes, wer auch immer, von Jesus zu seinem Mahl geladen waren. Keiner wurde von vornherein ausgeschlossen, allen wurde teilgegeben an Jesu Tod, an dem, was dieser Tod bedeutet: tiefer Schmerz, aber auch die Möglichkeit zur Umkehr und damit neues Leben, neue Hoffnung, neue Liebe – weil das Vertrauen, weil der Glaube Jesu an Gott letztlich trug und trägt bis heute.

Lord of the Dance[36]

„Zur Ehre des HERRN will ich tanzen und springen" (2. Samuel 6,21), erwidert David den Vorhaltungen seiner Frau Michal. Tanzen zur Ehre Gottes, zumal in einem Gottesdienst, das ist in unserer Kirche immer noch etwas Exotisches.

Tanzen hat sich, wie so vieles, weitestgehend aus unserer Kirche verabschiedet, obwohl der Tanz in seinem innersten Kern an das Geheimnis des Göttlichen rührt, obwohl Tanzen im Tiefsten von Gott her seine Sinnhaftigkeit, seine Weihe erhält. Denn Tanzen öffnet, Tanzen verbindet: Menschen miteinander und nicht zuletzt: Menschen mit Gott. Erfahrungen, die sie in den zwanzig Jahren, in denen sie als Tanzkreis hier in Hohenkirchen zusammen sind, gemacht haben: die rhythmisch-harmonische Bewegung zur Musik, gemeinsam vollzogen, entgrenzt, löst und befreit und lässt so empfänglich werden für das Geheimnis der Welt, für Gott.

Was das Tanzen für die Kirche so problematisch und verdächtig gemacht hat, die Bewegung, das Außer-sich-geraten, die Ekstase, sind gerade die Eigenschaften des Tanzes, die das Geheimnis göttlicher Berührung und in seltenen Momenten der Gnade sogar das Mysterium des Einswerdens mit dem Göttlichen in sich bergen.

Der König Israels tanzt vor dem Symbol der Gegenwart Gottes, entäußert sich seiner Ehre und Würde, erniedrigt sich – und gewinnt doch gerade dadurch Ansehen und Herrlichkeit.

Vielleicht merken Sie, wie durch diese Beschreibung die Geschichte von David durchlässig wird für den Einen, den Rex Iudaeorum, der sich seiner Hoheit entäußert, sich in Knechtsgestalt erniedrigt, um auf diesem Weg erhöht zu werden, ans Kreuz, zur Rechten des Thrones Gottes.

„Zur Ehre des Herrn will ich tanzen und springen" – man könnte ein Wort des Kirchenvaters Hippolyt, das er in einem anderen Zusammenhang über den menschgewordenen Logos und seinen göttlichen Tanz der Gnade gefunden hat, durchaus auch hier anbringen: *„O der gar großen Geheimnisse! Was bedeutet dieses Springen? Der Logos sprang vom Himmel in den Leib der Jungfrau, er sprang vom Mutterleib hinauf auf den Kreuzbaum, vom Baum in den Hades, er sprang vom Hades in menschlichem Fleisch wieder auf die Erde – o der neuen Auferstehung! Und er sprang von der Erde in den Himmel, wo er sitzt zur Rechten des Vaters. Und wieder wird er springen auf die Erde mit Herrlichkeit, um zu geben Vergeltung."*[37]

Schon vor vielen Jahren ist mir ein Lied begegnet, das dieses Geheimnis göttlichen Tanzes besingt. Der Logos, Jesus Christus, wird hier als der wahre „Herr des Tanzes", als „Lord of the Dance" gepriesen. Ich möchte ihnen dieses Lied jetzt vorspielen, in einer Interpretation, die dazu einlädt, sich von den Stühlen zu erheben, sich zu bewegen und zu tanzen.

<u>The Dubliners, Lord of the Dance</u>[38]

Jesus, der Herr des Tanzes – eine ungewohnte Vorstellung. Sydney Carter, der dieses Lied 1963 schrieb, meinte dagegen: „Ob Jesus sich in Galiläa jemals zu dem Rhythmus einer Flöte oder Trommel bewegt, getanzt hat, weiß ich nicht. David tat es, und deshalb ist es nicht unmöglich, dass auch Jesus tanzte."
Und ehrlich: Sollte Jesus beispielsweise bei der Hochzeit in Kana nur Wasser in besten Wein verwandelt haben? Ist es nicht mehr als wahrscheinlich, dass er dem, wofür der Wein und eine Hochzeit stehen,

Lebensfreude, auch mit Bewegungen, also durch Tanzen Ausdruck verlieh?!

Das ist aber nur ein eher vordergründiger Aspekt. Denn Carter besingt Jesus als Tanzmeister des Lebens, als geradezu kosmischen Tänzer. Jesus, der Logos bzw. das Wort, wie der Evangelist Johannes sagt[39], tanzte die Schöpfung, führte – und das ist ein uraltes mythisches Bild – den Tanz der Sterne und Planeten an. Doch Jesu Tanz erschöpfte sich nicht im Reigen kosmischer Harmonie, sondern äußerte sich im Willen, die Menschen in diesen Tanz einzubeziehen. Die Menschwerdung des Wortes, das Menschsein Jesu, sein heilvolles Wirken, sein Weg ans Kreuz und ins Grab, und nicht zuletzt die Überwindung des Todes, die Auferweckung – im Lied heißt es immer wieder: *„I danced"* (Ich tanzte). Mehr noch: *„I am the Dance"* (Ich bin der Tanz [des Lebens]), was unterstrichen wird durch die Zusage: *„I am the life / That'll never, never die"*[40] (Ich bin das Leben, das nie, niemals sterben wird).

Das erinnert mich an eine Gestalt der Literatur, bekannter noch durch einen Kinofilm vom Anfang der sechziger Jahre, für die Tanzen Heilung und Leben bedeutete, die Möglichkeit mit den Widerfahrnissen und Widersprüchen des Lebens umzugehen und fertig zu werden, die aus dem Tanz Kraft und Mut für das Weiter-Leben schöpfte: Alexis Sorbas.[41] Basil, der bisher so rationale Schriftsteller, beginnt, als sein Hauptprojekt auf Kreta in einer Katastrophe endet, Sorbas zu verstehen und bittet ihn: „Lehre mich tanzen!"[42] Und aus dem gemeinsamen Tanzen erwächst ein befreiendes, all die Katastrophen überwindendes, neues Leben eröffnendes Lachen.

Es ist verrückt, was Sorbas macht – aber verrückt klingt auch, was Carter dichtete: *„I danced on a Friday / When the sky turned black - / It's* *hard to dance / With the devil on your back"* (Ich tanzte am Freitag als der Himmel sich verdunkelte – es ist schwer zu tanzen mit dem Teufel auf dem Buckel).

Dabei greift Carter auf das Motiv des Totentanzes zurück – um es sofort zu transzendieren: Nicht der Tod tanzt – welch ein Widerspruch - sondern der Schöpfer wahren Lebens tanzt mit Tod und Teufel, bricht ihre Schlösser und Fesseln – und führt ihre Gefangenen ins Licht, zum Tanz der Erlösten. Was oft so sinnlos erscheint, gehört doch zum Tanz des Lebens hinzu, ist nur wie eine Synkope.

„Zur Ehre des HERRN will ich tanzen und springen", betont David – und die Väter der Kirche deuten seinen Tanz vor der Bundeslade als Hinweis auf „das Mysterium eines Wandels vor Gott, der da ist schön in der Bewegung und reich in der Geste."[43] Der Christ soll, so meinen sie, ein „königlicher Tänzer"[44] sein, einer, der in Harmonie und Gleichschritt mit Christus hier auf Erden schon vor dem Thron Gottes tanzt. Der Tanz wird in den Worten der Kirchenväter vollends zum Symbol für wahre, höchste Lebendigkeit, wie sie nur in Gott ist und wie nur ER sie schenken kann. Aber ER will diese höchste Lebendigkeit, will wahres Leben eben auch schenken, wenn wir uns IHM anvertrauen, wenn wir in IHM sind und ER in uns. *„I'll live in you / If you'll live in me"*, „ich lebe in dir, wenn du in mir lebst", wenn du mir vertraust und mir nachfolgst.

So wird der Tanz, den sie hier in Hohenkirchen von Zeit zu Zeit ausüben, der manchmal die Tür zu Gott öffnet, in dem wir – geschenkweise – Gott in und unter uns erfahren dürfen; so wird ihr Tanz zu einem mystischen Bild für unser Leben als Christ, erlöst und befreit von den Fesseln der Sünde und des Todes, weil Christus das Leben ist, das niemals mehr vergeht – befreit zur Liebe, zur Hinwendung zum und zur Vereinigung mit dem Nächsten. In einem Gedicht ist als Bitte an Gottes Heiligen Geist formuliert: „Bewege mich / Löse meine Arme / Löse meine Füße / Befreie mein Herz / Tanze mich / Heiliger Geist / Gott".

Von Michal, die über den Tanz Davids zur Ehre Gottes spottete, wird berichtet – und das lässt sich durchaus auch im übertragenen Sinn verstehen – dass sie kinderlos, unfruchtbar blieb.[45]

Also: *"Dance, then, wherever you may be, / I am the Lord of the Dance, said he, / And I'll lead you all, wherever you may be, / And I'll lead you all in the Dance, said he."* (*Tanze, wo auch immer du sein magst, Ich bin der HERR des Tanzes, sagte ER, Und ich will euch alle führen, wo auch immer ihr seid, Und ich werde euch beim Tanz anführen, sagte er.*)

„Beiß nicht gleich in jeden Apfel"[46]

Das Symbol des angebissenen Apfels begegnet uns inzwischen überall, wo die in schlichter Eleganz designten Geräte mit dem i als erstem Buchstaben im Namenszug uns zum Kauf verführen wollen. iMac, iPhone, iPod, iPad… das kennt heute jeder, mindestens jeder junge Mensch – aber wer weiß, was hinter diesem Firmen-Logo steckt?

Dazu gehört eine Erzählung vom Anfang der Bibel:
1 Aber die Schlange war listiger als alle Tiere auf dem Felde, die Gott der HERR gemacht hatte, und sprach zu der Frau: Ja, sollte Gott gesagt haben: Ihr sollt nicht essen von allen Bäumen im Garten? 2 Da sprach die Frau zu der Schlange: Wir essen von den Früchten der Bäume im Garten; 3 aber von den Früchten des Baumes mitten im Garten hat Gott gesagt: Esset nicht davon, rühret sie auch nicht an, dass ihr nicht sterbet! 4 Da sprach die Schlange zur Frau: Ihr werdet keineswegs des Todes sterben, 5 sondern Gott weiß: an dem Tage, da ihr davon esset, werden eure Augen aufgetan, und ihr werdet sein wie Gott und wissen, was gut und böse ist. 6 Und die Frau sah, dass von dem Baum gut zu essen wäre und dass er eine Lust für die Augen wäre und verlockend, weil er klug machte. Und sie nahm von der Frucht und aß und gab ihrem Mann, der bei ihr war, auch davon und er aß. 7 Da wurden ihnen beiden die Augen aufgetan und sie wurden gewahr, dass sie nackt waren, und flochten Feigenblätter zusammen und machten sich Schurze. 8 Und sie hörten Gott den HERRN, wie er im Garten ging, als der Tag kühl geworden war. Und Adam versteckte sich mit seiner Frau vor dem Angesicht Gottes des HERRN unter den Bäumen im Garten. 9 Und Gott der HERR rief Adam und sprach zu ihm: Wo bist du? 10 Und er sprach: Ich hörte dich im Garten und fürchtete mich; denn ich bin nackt, darum versteckte ich mich. 11 Und er sprach: Wer hat dir gesagt, dass du nackt bist?

Hast du nicht gegessen von dem Baum, von dem ich dir gebot, du solltest nicht davon essen? 12 Da sprach Adam: Die Frau, die du mir zugesellt hast, gab mir von dem Baum und ich aß. 13 Da sprach Gott der HERR zur Frau: Warum hast du das getan? Die Frau sprach: Die Schlange betrog mich, sodass ich aß. 14 Da sprach Gott der HERR zu der Schlange: Weil du das getan hast, seist du verflucht, verstoßen aus allem Vieh und allen Tieren auf dem Felde. Auf deinem Bauche sollst du kriechen und Staub fressen dein Leben lang. 15 Und ich will Feindschaft setzen zwischen dir und der Frau und zwischen deinem Nachkommen und ihrem Nachkommen; der soll dir den Kopf zertreten, und du wirst ihn in die Ferse stechen. 16 Und zur Frau sprach er: Ich will dir viel Mühsal schaffen, wenn du schwanger wirst; unter Mühen sollst du Kinder gebären. Und dein Verlangen soll nach deinem Manne sein, aber er soll dein Herr sein. 17 Und zum Manne sprach er: Weil du gehorcht hast der Stimme deiner Frau und gegessen von dem Baum, von dem ich dir gebot und sprach: Du sollst nicht davon essen –, verflucht sei der Acker um deinetwillen! Mit Mühsal sollst du dich von ihm nähren dein Leben lang. 18 Dornen und Disteln soll er dir tragen, und du sollst das Kraut auf dem Felde essen. 19 Im Schweiße deines Angesichts sollst du dein Brot essen, bis du wieder zu Erde werdest, davon du genommen bist. Denn du bist Erde und sollst zu Erde werden. 20 Und Adam nannte seine Frau Eva; denn sie wurde die Mutter aller, die da leben. 21 Und Gott der HERR machte Adam und seiner Frau Röcke von Fellen und zog sie ihnen an. 22 Und Gott der HERR sprach: Siehe, der Mensch ist geworden wie unsereiner und weiß, was gut und böse ist. Nun aber, dass er nur nicht ausstrecke seine Hand und nehme auch von dem Baum des Lebens und esse und lebe ewiglich! 23 Da wies ihn Gott der HERR aus dem Garten Eden, dass er die Erde bebaute, von der er genommen war. 24 Und er trieb den Menschen hinaus und ließ lagern vor dem Garten Eden die Cherubim mit dem flammenden, blitzenden Schwert, zu bewachen den Weg zu dem Baum des Lebens.

(1. Mose 3,1-24)

Ja, der angebissene Apfel von den so bekannten Computern und anderen Produkten soll die Frucht vom Baum der Erkenntnis darstellen, köstlich zu schmecken, eine Augenweide und verlockend mit dem Angebot, alles überall zu wissen und zu können, immer und überall erreichbar zu sein.

Steve Jobs bedient den alten Traum, das Begehren wie Gott sein zu wollen, autonom und selbstbestimmt das Leben in die eigene Hand nehmen zu können: Nimm mich und dein Leben wird besser, angenehmer, angesagter – du kannst nur gewinnen, wenn du in diesen Apfel beißt.

In dieser Hinsicht hat der Apple-Gründer ein Motiv aufgenommen, das sich auch in der biblischen Erzählung findet. Das Streben nach Weisheit, nach Erkenntnis und Einsicht in das, was menschlichem und nicht-menschlichem Leben förderlich bzw. abträglich ist, bringt die Menschheit – denn um die geht es in dieser Ur-Geschichte, und nicht um das Ergehen zweier Einzelpersonen! – dieser freiheitliche Drang nach Erkenntnis bringt die Menschen ja auch ein großes Stück voran: Hier beginnt Kultur im Sinne von Weltbemächtigung, Weltgestaltung und das heißt: Emanzipation von den Unwägbarkeiten der Natur. Es waren und sind immer wieder Grenzüberschreitungen, ja Tabubrüche, die zu neuen, tieferen Einsichten führen, die unser Weltverstehen voranbringen und dabei helfen, Defiziterfahrungen zu mindern oder ganz zu beseitigen.

Gott selbst befindet sich in einem Dilemma, weil ER, im Unterschied zu uns, die Konsequenzen des Gebrauchs unserer Freiheit übersieht. Deshalb gibt ER das Gebot, das zu erfüllen dem Menschen vielleicht größere Freiheit geschenkt hätte, als gedacht – so jedenfalls spielt C.S. Lewis in dem zweiten Band[47] seiner fantastischen Trilogie die Geschichte der Versuchung und ihrer Überwindung durch. Dort erhält der Perelandra-Mensch, nachdem er der Versuchung widerstanden und das dort gegebene Gebot nicht übertreten hat, von Gott genau jene Erkenntnis, jene Gabe, von der ihn das göttliche Gebot zunächst zurückgehalten hatte. Das bewährte Gottvertrauen, so C.S. Lewis, schafft die Bedingung der Möglichkeit für verantwortungsvoll wahrgenommene und praktizierte Weisheit – in dem Sinn, dass ich das, was Leben fördert bzw. was Lebensqualität mindert, in rechter Weise wahrnehme und unterscheide.

Aber das heißt eben auch, dass Schuld bzw. Sünde Tat menschlicher Freiheit ist und bleibt und nicht, wie „Adam" = der Mensch es versucht, auf Gott geschoben werden kann, weil der ihm ja diese Frau da beigesellt hatte, oder die Frau es mit dem Verweis auf die Schlange probiert. Nein, so nicht: Wenn ich eine Regel verletze, dann bin ich dafür auch verantwortlich, dann habe ich die Konsequenzen zu tragen – und zwar auch schon ohne Gott: *„Da wurden ihnen beiden die Augen aufgetan und sie wurden gewahr, dass sie nackt waren, und flochten Feigenblätter zusammen und machten sich Schurze."*
Sünde hat eine soziale Dimension, sie betrifft andere Menschen, bezieht andere Menschen mit ein, lässt sie ebenfalls schuldig werden. Ein naheliegendes Beispiel sind Autofahrten in alkoholisiertem Zustand. Immer wieder wird über Unfälle berichtet, die durch solche Fahrer verursacht wurden: und meist ist nicht nur der Fahrzeugführer betroffen, sondern auch Mitfahrer, die insofern schuldig sind, als sie zugestiegen sind und die alkoholisierte Fahrt billigend in Kauf genommen haben.
Im Zug der Paradieserzählung führt die Regelverletzung, die Grenzüberschreitung dazu, dass die Menschen sich einer Tatsache bewusst

werden, die auch vorher schon da war: ihrer Nacktheit. Sie schämen sich und versuchen, ihre Blöße mit Feigenblättern zu verbergen.

Im Moment erleben wir allerdings auch wieder, wie dürftig solche Feigenblätter sein können: Ich meine die Nutzung der Atomkraft.[48] All die durchaus nötigen und sinnvollen Schutzmaßnahmen und Absicherungen erweisen sich im Moment doch wieder nur als Feigenblätter, die die zum Mindesten fragwürdige Beherrschbarkeit und damit die grundsätzliche Problematik dieser Technik nur mühsam verdecken.

So steht dieser angebissene Apfel nicht nur für die Verlockung zur Weltbewältigung, sondern weist auf die Zweideutigkeit, das inhärente negative Potenzial solcher Versuche hin. Ich musste beim Anblick dieses elegant schönen Logos an einen Schlager meiner Kindheit denken, in dem es heißt: „Beiß nicht gleich in jeden Apfel, er könnte sauer sein, denn auf rote Apfelbäckchen fällt man leicht herein"[49].

Gott stellt den Menschen und er macht ihm die Konsequenzen seines Tuns bewusst: Mutterschaft und Arbeit sind keine Strafe, das gab es auch schon vorher, genauso wie die Endlichkeit des Lebens. Doch nun, jenseits von Eden, fern der vertrauten Gottesnähe, wird Leben mühselig und schmerzvoll, wird der Tod ein Ereignis, das die Sinnhaftigkeit des Lebens infrage stellt.

Das Wunderbare in dieser Geschichte ist, dass Gott selbst dafür sorgt, dass das Leben weitergeht. Gott nimmt sich – trotzdem – der Menschen an, er ersetzt ihre „Feigenblätter" durch eine „ordentliche" Fellkleidung, er bedeckt, wessen wir uns schämen müssen und sorgt dafür, dass menschliche Schuld nicht alles zerstört.

Letztlich – aber das ist ein Vorgriff auf das, was in sieben Wochen ansteht – sorgt er sogar dafür, dass der Tod seine sinnzerstörende Wir-

kung einbüßt, weil ER in Jesus Christus deutlich macht, dass im Gottvertrauen der Tod seinen Schrecken verliert, zum Leben hinzugehört
und nur die Schwelle bezeichnet, die wir in die ewige Gottgemein-
schaft zu überschreiten haben.

Von der Macht der Worte[50]

6 O Jerusalem, ich habe Wächter über deine Mauern bestellt, die den ganzen Tag und die ganze Nacht nicht mehr schweigen sollen. Die ihr den HERRN erinnern sollt, ohne euch Ruhe zu gönnen, 7 lasst ihm keine Ruhe, bis er Jerusalem wieder aufrichte und es setze zum Lobpreis auf Erden! 8 Der HERR hat geschworen bei seiner Rechten und bei seinem starken Arm: Ich will dein Getreide nicht mehr deinen Feinden zu essen geben noch deinen Wein, mit dem du so viel Arbeit hattest, die Fremden trinken lassen, 9 sondern die es einsammeln, sollen's auch essen und den HERRN rühmen, und die ihn einbringen, sollen ihn trinken in den Vorhöfen meines Heiligtums. 10 Gehet ein, gehet ein durch die Tore! Bereitet dem Volk den Weg! Machet Bahn, machet Bahn, räumt die Steine hinweg! Richtet ein Zeichen auf für die Völker! 11 Siehe, der HERR lässt es hören bis an die Enden der Erde: Sagt der Tochter Zion: Siehe, dein Heil kommt! Siehe, was er gewann, ist bei ihm, und was er sich erwarb, geht vor ihm her! 12 Man wird sie nennen »Heiliges Volk«, »Erlöste des HERRN«, und dich wird man nennen »Gesuchte« und »Nicht mehr verlassene Stadt«.

(Jesaja 62,6-12)

Worte verändern Wirklichkeit; Worte schaffen eine neue Wahrheit. Wir erleben es, wenn ein Mensch zum anderen sagt: Ich liebe dich! Wenn jemand durch die Worte „Mein Schatz" aus der Masse herausgehoben wird und sich als unendlich wertvoll für den Sprecher und für sich selbst erleben darf. Oder wenn umgekehrt jemand eine Beziehung abbricht, beendet und wir den anderen völlig zerstört und in seinen Gefühlen zutiefst verletzt vorfinden.

Und dass Worte die Wirklichkeit oder doch die aktuelle Wahrnehmung von Wirklichkeit verändern, erlebe ich immer wieder in Gesprächen mit Trauernden: Wenn in und trotz allem Schmerz über den Verlust auch gelacht werden kann, ohne dass man sich schlecht fühlen muss, weil das Leben auch freudige und gute Zeiten hatte. Oder wenn ein distanzierterer Blick auf ein scheinbar so makelloses Leben möglich wird und man Schwächen und Fehler benennen kann, die das Miteinander doch auch schwierig machten.

Worte verändern Wirklichkeit... Nur: Rein äußerlich ändert sich ja oft genug gar nicht so viel. Der Verstorbene bleibt tot und die Trauer kehrt zurück; im Zusammenleben eines Paares verändert sich heutzutage durch das Trauversprechen oft genug nichts; und für die Israeliten, die der Prophet hier anspricht, fügen sich die Trümmer nicht auf einmal zusammen, verschwinden die ungerechten und niederdrückenden Lebensverhältnisse nicht von heute auf morgen. Aber die Perspektive verändert sich, ich sehe Dinge und Ereignisse anders, nehme die Möglichkeiten war, die in dieser Situation enthalten sind. Weil ich durch die Worte, die mir gesagt werden, anders und anderes sehe; das, was schon geschehen ist, neu wahrnehme – und daraus Hoffnung und Kraft für die Gestaltung der Zukunft gewinnen kann.

Die Worte dieses namenlosen Propheten, in der Forschung der „Dritte Jesaja = Trito-Jesaja" genannt, ergehen am Ende des 6. Jahrhunderts vor Christus. Die große Katastrophe der Zerstörung Jerusalems und der Exilierung eines Großteils des Volkes liegen schon lange zurück, inzwischen ist sogar das Exil schon Geschichte. Israeliten sind aus Babylon zurückgekehrt in die Heimat der Väter, die Verheißungen des

„Zweiten Jesaja = Deutero-Jesaja" und anderer hatten sich erfüllt – aber die damit verbundenen Hoffnungen auf „blühende Landschaften" sind enttäuscht worden.

Und so greift Trito-Jesaja die alten Verheißungen auf, interpretiert sie für die Gegenwart seiner Mitmenschen neu – und macht deutlich, was Gott schon alles für sein Volk getan hat, wie viel das Volk Israel, bzw. der kleine verbliebene Rest dieses Volkes Gott wert ist, wie sehr es von ihm geliebt wird und wie viel ihm Jerusalem bedeutet: *„Heiliges Volk"* und *„Erlöste des Herrn"*, *„Gesuchte"* und *„Nicht mehr verlassene Stadt"*, so nennt ER sie.

Aber nun kommt es eben auch darauf an, die Möglichkeiten aufzugreifen, die letzten Trümmer aus dem Weg zu räumen, den Tempel wieder herzurichten, dafür zu sorgen, dass das Leben dort attraktiv wird. Gott will, dass wir verstehen, dass und wie wir in die Erfüllung der Verheißungen immer mit einbezogen sind. Wir müssen uns von der Hoffnung berühren und leiten lassen, um die in und mit den Worten gesetzte bzw. geschaffene Wahrheit nun auch wirklich werden zu lassen.

Und trotzdem bleibt ja oft, zu oft der Eindruck, dass es eben doch nur Worte sind, die wirkungslos verpuffen, sich nichts ändert an den Verhältnissen und Gott fern ist, tatenlos zusieht und nicht hilft. Korn, also das Lebensnotwendige, wird von Feinden verzehrt, und den Wein, also das, was zur Lebensfreude beiträgt, trinken Fremde. Stimmt letztlich nicht doch die Feststellung: Es gibt in diesem Leben keine Gerechtigkeit, und der *starke Arm* Gottes, von dem der Prophet hier redet, erweist sich als schwach und wirkungslos?

Eine Antwort der Bibel ist die sehr starke Hoffnung, dass es vor Gott, in seiner Ewigkeit, Gerechtigkeit geben wird. Das, was ich hier an Gutem tue, womit ich hier den Willen Gottes zu erfüllen suche, ist nicht umsonst getan. Eine Hoffnung, die sich für uns Christen vor allem an Jesus Christus und seiner Auferweckung festmacht. Sie ist Gottes unverbrüchliches Ja zu dem Leben dieses Gerechten. Als Getaufte in die Nachfolge Jesu gerufen zu sein bedeutet, auf Gottes Wort zu hören, sich dem Zuspruch und Anspruch immer wieder auszusetzen und es wirken zu lassen, um es nach bestem Wissen und Gewissen umzusetzen. Getragen von der Gewissheit, dass Gottes Wort nicht leer zurückkehrt, sondern Konsequenzen zeitigt.

Ja, wenn das immer so einfach wäre – mit dem Hören und annehmen und tun… Wir werden müde und oft bleibt nur die so niederdrückende Gottesfinsternis. Da hilft nur noch beten, heißt es dann manchmal etwas abschätzig. Dennoch steckt darin eine tiefe Wahrheit, wie der Blick auf Jesus lehrt. Denn wer, wie auch immer, immerhin noch betet – und sei es nur so, dass er / sie seinen Schmerz und ihre Not hinseufzt, sei es, dass er / sie nur noch klagen oder gar anklagen kann – der erwartet trotzdem noch etwas von Gott, der lässt IHM keine Ruhe, der bedrängt IHN so lange, bis er eine Antwort erhält, bis sich ein neuer Weg, eine unerwartete Möglichkeit öffnet.
Manchmal brauche ich aber auch jemand, der mit mir betet, der vielleicht sogar stellvertretend betet und – wo ich dann doch nicht mehr kann und zu verzweifeln drohe – Gott an sein Wort, an seine Verheißungen erinnert. Ein Teil der Einsamkeit Jesu und Hiobs war, dass da keiner mit ihnen und für sie betete, dass sich die Freunde abwandten und teilweise gegen sie agierten. Beten und Fürbeten verändern meine Wahrnehmung der Realität, ich weiß mich nicht mehr allein. Ich erfahre, dass andere mittragen; dass Gott hört und – auf seine Weise – erhört.

Worte verändern Wirklichkeit, meine Wirklichkeit. Indem uns Gottes Wort erreicht, uns tief im Innern anspricht, wandelt es uns und unsere Welt. Auch wenn wir mit Jesus sprechen müssten: *„Nicht wie ich will, sondern wie du willst"* (Matthäus 26,39c).

Betet![51]

1 *Im Übrigen, Brüder und Schwestern:*
Betet für uns,
damit sich das Wort des Herrn schnell ausbreitet
und seine Herrlichkeit sichtbar wird –
so, wie es auch bei euch geschah.
2 *Und betet auch,*
dass Gott uns
vor den falschen und bösen Menschen bewahrt.
Denn nicht alle / kommen zum Glauben / haben Treue.
3 *Aber der Herr ist treu.*
Er wird euch Kraft geben
und vor dem Bösen beschützen.
4 *Im Herrn ist auch unser Vertrauen begründet,*
dass ihr unsere Anweisungen
jetzt und in Zukunft befolgt.
5 *Der Herr aber richte eure Herzen*
auf die Liebe zu Gott
und das geduldige Warten auf Christus.

(2. Thessalonicher 3,1-5)

Wie halten wir es mit dem „Beten"? Kennen wir noch Menschen, die wir bitten könnten: „Betet für mich / uns!"? – beispielsweise in einer Situation der Anfechtung oder des Zweifels, in einer Entscheidungssituation oder wenn ich bzw. Angehörige durch ein Tal der Krankheit und der Not gehen (müssen). Beten wir noch – für andere Menschen: Angehörige, Freunde, Nachbarn, unsere Geschwister im Glauben, beispielsweise im Mittleren Osten?

Beten wir vor allem noch regelmäßig? Mindestens einmal am Tag das Vaterunser zum Beispiel, oder das Gebet aus den Herrnhuter Losungen, oder auch mit eigenen Worten?

Wie halten wir es mit dem Beten? Ist uns Gott, ist uns Jesus vielleicht deshalb so fern, weil wir den Kontakt mit ihm nicht mehr pflegen, weil wir nicht mehr mit ihm reden bzw. auch nicht mehr stille werden (können), um ihn zu hören?

„Betet für uns!" – so beginnt der Abschnitt aus dem 2. Thessalonicherbrief und er endet mit einem Gebet für die Adressaten dieses Schreibens. Und dazwischen steht das Bekenntnis zu dem <u>treuen</u> Gott, der uns Kraft und Geduld und Ausdauer schenken will und schenkt, um in den Anfeindungen und Anfechtungen des Lebens selbst treu zu bleiben und am Gottvertrauen festzuhalten.

„Betet für uns!" – so lese ich immer wieder dringende Bitten von Menschen, von Christen beispielsweise aus dem Irak, aus Syrien, aus dem Sudan; betet für uns, denn das schenkt uns die Kraft auszuharren, dem treu zu bleiben, der uns in Christus seine unbedingte Treue gezeigt hat; das hilft uns, weil wir gewiss sein dürfen, dass wir nicht allein und vergessen sind, weder bei den Geschwistern im Glauben noch bei Gott.

Betet – warum nicht auch für die Kinder und die Enkel, warum nicht mit ihnen und warum nicht regelmäßig zum Beispiel als Abend- bzw. Gute-Nacht-Gebet das Vaterunser. Was ist an dieser Vorstellung oder Übung so komisch? Was hindert uns überhaupt daran, regelmäßig zu beten? Was hindert uns, diese Praxis zu einer lieben Angewohnheit zu machen, so wie ich bei vielen erlebe, dass die Walkingrunde am Morgen oder der Fitness-Center-Besuch oder die Runde mit dem Hund zum gewohnten täglichen oder mehrere Male in der Woche vollzogen Lebensritual geworden ist. Wie soll es uns, wie soll es unseren Kindern und Enkeln wertvoll und wichtig werden, wenn die Regelmäßigkeit, die selbstverständliche und liebgewonnene Gewohnheit nicht da ist?! Ich weiß, dass das gerade für junge und jüngere Ohren eher spießig klingt: Aber es sind doch die in Fleisch und Blut übergegangenen Routinen, die den Fluss und auch die Leichtigkeit des Lebens ausmachen.

Vielleicht kann ich es an dem anderen Beispiel verdeutlichen, dem Tanzen bzw. den Tanzgruppen z.b. auch unseres Sportvereins: Auch da werden bestimmte Schrittfolgen und Bewegungsabläufe immer wieder und so lange geübt, bis sie die Tänzerinnen praktisch im Schlaf können – und man sieht bei Aufführungen durchaus, bei wem die einzelnen Figuren „sitzen", also in Fleisch und Blut übergegangen sind bzw. wer dann doch noch nachdenken und nach der Nachbarin schielen muss. Die leibliche Kenntnis der Tanzfiguren lässt die Bewegung der Tanzenden fließen – die Kenntnis der Gebete lässt das Wort des Herrn laufen, versetzt es in Bewegung, hält es im Fluss.
„Betet unablässig!" (1. Thessalonicher 5,17)

Noch einmal: Was hindert uns am – regelmäßigen – Gebet? Was steht dem in unserem Leben entgegen, was ist das Böse, vor dem uns Gott behüten soll? Ist es immer wieder auch der Gedanke: „Was nützt uns solch Gebet?"[52] Was bringt's? Denn es ändert sich ja doch nichts und meine Worte gehen doch letztlich ins Leere... Aber meinen wir ernsthaft, wir könnten Gott, wenn ER, der die Welt ins Dasein gerufen hat und sie Tag für Tag erhält, wahrhaft Gott ist, - meinen wir, wir können IHN durch unsere Gebete beeinflussen?!
Vielleicht ist das so – nein: gewiss ist das so, dass Gott Gebete hört und erhört; aber die Haltung, meine Haltung dazu kann nicht die des Fordernden sein, die eines Kindes, das meint, wenn es nur den Mund

aufmacht müssten die Eltern und Großeltern, alle Erwachsenen springen. Das Kind meint nur zu wissen, was jetzt gut für es ist, aber das ist falsch – auch geduldiges Warten muss gelernt werden und sofortige Bedürfnisbefriedigung lässt auf lange Sicht nicht erwachsen werden, sondern infantil.

Ich bin Gott gegenüber ein Empfangender: Gott hat mir mein Leben geschenkt; Gott als Herr und Schöpfer weiß, was uns, was mir Not tut und wird es mir zu seiner Zeit zuteil werden lassen. Im Gebet werde ich an den Ort der Hoffnung versetzt und erfahre etwas unter Menschen Kostbares: Treue! Gott bewahrt mir Treue – auch wenn ich von Menschen enttäuscht werde – und dieser Treue begegne ich in den Worten der Gebete; ich begegne ihr, indem ich bete.

Ich möchte sogar noch einen Schritt weitergehen: Wenn ich bete, rufe ich Gott erst ins Dasein, ins Leben – in mein Leben. An dem Ort, an dem Gott nicht zu sein scheint, an dem er in unendlicher Ferne weilt, genau an dem Ort rufe ich Gott ins Leben, in mein Leben, indem ich zu ihm bete, ihn anrufe, ihn so in meinem Leben anwesend sein lasse, ihm Raum in meinem Leben, in meinem Herzen gewähre.

Sei mutig und stark![53]

1 Nachdem Mose, der Knecht des HERRN, gestorben war, sagte der HERR zu Josua, dem Sohn Nuns, dem Diener des Mose: 2 Mein Knecht Mose ist gestorben. Mach dich also auf den Weg und zieh über den Jordan hier mit diesem ganzen Volk in das Land, das ich ihnen, den Israeliten, geben werde... 5b Wie ich mit Mose war, will ich auch mit dir sein. Ich lasse dich nicht fallen und verlasse dich nicht. 6 **Sei mutig und stark!** *Denn du sollst diesem Volk das Land zum Besitz geben, von dem du weißt: Ich habe ihren Vätern geschworen, es ihnen zu geben. 7* **Sei nur mutig und stark** *und achte genau darauf, dass du ganz nach der Weisung handelst, die mein Knecht Mose dir gegeben hat. Weich nicht nach rechts und nicht nach links davon ab, damit du Erfolg hast in allem, was du unternimmst. 8 Über dieses Gesetzbuch sollst du immer reden und Tag und Nacht darüber nachsinnen, damit du darauf achtest, genau so zu handeln, wie darin geschrieben steht. Dann wirst du auf deinem Weg Glück und Erfolg haben. 9 Habe ich dir nicht befohlen:* **Sei mutig und stark?** *Fürchte dich also nicht und hab keine Angst; denn der Herr, dein Gott, ist mit dir bei allem, was du unternimmst.*

(Josua 1,1-2.5b-9)

„*Sei mutig und stark!*" – dieses Wort durchzieht wie ein Cantus firmus das erste Kapitel des Josuabuches.

„*Sei mutig und stark!*" Vertraue Gott, der treu ist und zu seinen Zusagen und Verheißungen steht. Vertraue Gott, der dir und euch allen durch Mose Weisungen und Regeln für das Leben im verheißenen Land gegeben hat. Eigne sie dir selbst an und gib sie deinen Kindern weiter – dann braucht ihr euch nicht zu fürchten, weil dein und euer Gott mit euch ist und euch segnet.

„Sei mutig und stark! Fürchte dich also nicht und hab keine Angst!"
Wenn das nur immer so einfach wäre. Und wenn man sich das einfach so befehlen lassen könnte. Ich denke, wir alle kennen Situationen, in denen uns das Vertrauen in Gottes Nähe und Hilfe abhanden zu kommen droht, wo der Zweifel überhand nimmt. Josua scheinen diese Zweifel angesichts der vor ihm liegenden Aufgabe gekommen zu sein. Mose, die bisherige Autorität, ist tot, ihm ist die Führung über ein großes Volk übertragen worden. Hinter ihm liegt die Wüste, der die Menschen gerade entkommen sind und in die sie nicht mehr zurückwollen; vor ihm ein Land mit mauerumwehrten Städten und gut gerüsteten Kriegern.

Josua, das bedeutet: „Gott ist Hilfe". Gott sagt sich selbst dem Josua zu, ER will ihn und das Volk begleiten, so wie er schon Mose begleitete. Gott erinnert Josua noch einmal an all das, was ER für Israel getan hat, was Josua miterlebt hat: den Durchzug durch das Schilfmeer, die immer wieder geschenkte Bewahrung vor Hunger und Durst in der Wüste, die wunderbare Rettung vor Feinden, die versuchten, das erschöpfte Volk auf seiner Wanderung auszulöschen – und nicht zuletzt die Weisungen, die Regeln und Gebote, die Gott durch Mose dem Volk am Sinai gegeben hat.
„Sei mutig und stark!" Vertraue Gott, der treu ist und zu seinen Zusagen und Verheißungen steht. Vertraue Gott, der dir und euch allen durch Mose Weisungen, Regeln für das Leben im verheißenen Land gegeben hat, eigne sie dir selbst an und gib sie deinen Kindern weiter – dann braucht ihr euch nicht zu fürchten, weil dein und euer Gott mit euch ist und euch segnet.

Doch Josua – und das Volk mit ihm – müssen, bevor sie wirklich in das verheißene Land kommen und es in Besitz nehmen können, durch's Wasser des Jordans ziehen (wahrscheinlich an der Stelle, die sich später auch Johannes der Täufer für seinen Umkehrruf und seine Bußtaufe auswählte!).

So wie Mose und das Volk einst trockenen Fußes durch das Schilfmeer ziehen konnten und bewahrt wurden, so ziehen nun Josua und das Volk trockenen Fußes durch den Jordan. Gott wird sie vor den Fluten bewahren und sie so in das Neue gelangen lassen, damit sie dort – wenn man so will: als aus der „Taufe gehobene" neue Menschen nach seinen Weisungen leben und so zum Segen für alle Völker werden können.

Josua steht vor einer neuen Aufgabe, er wird von Gott selbst ermutigt und gestärkt und ermahnt, im Buch der Weisungen, in der Tora, zu lesen und zu forschen, weil dort Gottes Wille begegnet – und diesen Willen dann auch zu tun, ihn umzusetzen, ihn weiterzugeben. Denn aller Anfang ist schwer, das Neue muss eingeübt, immer wieder getan werden, damit ich es mir aneigne, es mir einverleibe.

Die Taufe markiert für uns Christen eine Neugeburt, einen grundlegenden Neuanfang für den Getauften. So macht es theologisch Sinn, dass das wahrscheinlich älteste Evangelium, das des Markus, den Bericht von Jesu Wirken erst mit seiner Taufe durch Johannes im Jordan beginnen lässt.

Jetzt beginnt etwas Neues: Jesus / Josua – Gott ist Hilfe – das beginnt nun wahr zu werden in der exemplarischen Zuwendung Jesu zu denen, die bisher noch ausgegrenzt und ausgeschlossen waren, in der Erinnerung an die grundlegenden, lebensfördernden Weisungen Gottes. Die Menschen merken: *Das Alte ist vergangen, siehe, Neues ist geworden!"* (2. Korinther 5,17b) Es ist noch derselbe Mensch – und doch ein ganz anderer, der in besonderer Weise von Gott und für Gott in Dienst genommen ist, der sich in seinem Dienst als Sohn zeigt – und so Ungewohntes redet und tut, dass die Menschen sowohl entsetzt sind, als auch voller Ehrfurcht Gott loben und neu merken: Gott ist mit ihm, Gott ist mit uns, immer noch und immer wieder.

„Sei mutig und stark! Fürchte dich nicht und hab keine Angst; denn der Herr, dein Gott, ist mit dir bei allem, was du unternimmst."

Herbei, o ihr Gläub'gen[54]

Auf – geht nach Bethlehem; kommt zur Krippe; schaut, was im Stall geschah. Immer wieder wird dieser Ruf, die Aufforderung der Engel, in den Liedern dieser heiligen Nacht laut. Eins der bekanntesten Weihnachtslieder ist sicherlich: *„Herbei, o ihr Gläub'gen"* (EG 45).[55] Nicht zuletzt ist es die an einen Marsch angelehnte feierliche Melodie, die mich und viele andere immer noch und immer wieder in eine festliche Weihnachtsstimmung versetzt. Wer auch immer diese Melodie komponierte, so ganz geklärt ist das nicht, wusste, wie er an die Tiefenschichten der Seele rühren musste. Und kongenial dazu ist die deutsche Nachdichtung des ursprünglich lateinischen Textes „Adeste fideles" durch den evangelischen Theologen Friedrich Heinrich Ranke aus den zwanziger Jahren des 19. Jahrhunderts.

Viermal werden, mit einer Fülle biblischer Anklänge, Personengruppen angesprochen und aufgefordert, sich aufzumachen um dem Geheimnis der Weihnacht nachzuspüren, das Mysterium der Menschwerdung Gottes in diesem Kind in der Krippe zu entdecken, wahrzunehmen und schließlich gemeinsam anzubeten: *„O lasset uns anbeten den König."*

So lade ich sie ein, wie notiert, zunächst jeweils in den Gruppen und den Kehrvers dann gemeinsam, zu singen:

Männer:
Herbei, o ihr Gläub'gen, fröhlich triumphieret,
o kommet, o kommet nach Bethlehem!
Sehet das Kindlein, uns zum Heil geboren!

Alle:
O lasset uns anbeten,

o lasset uns anbeten,
o lasset uns anbeten den König!

Es ist, als ob wir hier den Hirten begegnen, von denen es am Ende der lukanischen Weihnachtsgeschichte heißt: *„Und* sie *kehrten wieder um, priesen und lobten Gott für alles, was sie gehört und gesehen hatten, wie denn zu ihnen gesagt war."* (Lukas 2,20)
Sie, die Hirten – oder wer auch immer heute als Außenseiter der Gesellschaft hinter dem Hirtensymbol zu denken ist – greifen fast wörtlich die Verkündigung und den Lobgesang der Engel auf, um uns einzuladen, selbst nach Bethlehem zu gehen, um dort im Stall das für unser Heil geborene göttliche Kind zu schauen und anzubeten – als König der Welt, wie die drei Weisen taten.
Als ob wir selbst dabei sind, Teil der Geschichte, derer wir gedenken, so sollen wir uns verhalten, so sollen wir feiern und uns die Heilsgeschichte vergegenwärtigen!

Aber was heißt *„uns zum Heil geboren"*?
Lassen sie uns im Wechsel die 2. Strophe singen:

Linke Seite:
Du König der Ehren, Herrscher der Heerscharen,
verschmähst nicht zu ruhn in Marien Schoß,
Gott, wahrer Gott von Ewigkeit geboren.

Alle:
O lasset uns anbeten,
o lasset uns anbeten,
o lasset uns anbeten den König!

Eine erste Antwort lautet: Es ist wirklich **Gott**, der hier Mensch wird, der als Mensch geboren wird.

Psalm 24 und Jesaja 6 klingen an: *„Wer ist der König der Ehre? Es ist der Herr Zebaoth"* (Psalm 24,10), der *„Herr der Heerscharen"*, dem die Serafim (und Cherubim) das *„Heilig, heilig, heilig"* (Jesaja 6,3) singen.

In Jesus kommt der Logos zur Welt, der *„eingeborene Sohn des Vaters"* (Johannes 1,14), wie Johannes am Anfang seines Evangeliums dichtet, dessen *„Herrlichkeit"* wir hier *„voller Gnade und Wahrheit"* (Johannes 1,14) sehen können.

Dieser *„eingeborene Sohn vom Vater"* (Johannes 1,14), wahrer Gott vom wahren Gott, wie das Nizänische Glaubensbekenntnis betont – und wir auch heute immer wieder betonen müssen! – hat es *„nicht als einen Raub betrachtet Gott gleich zu sein"* (Philipper 2,6) – also als etwas, was nur ihm zusteht, was vor anderen versteckt werden muss – sondern er hat sich entäußert und ist Mensch geworden wie wir: *verschmäht nicht zu ruhn in Marien Schoß.*

Betrachten wir Jesus rein menschlich, wenn auch vielleicht als besonderen Menschen oder als einen über allen anderen stehenden Propheten, verfehlen wir ihn und das Heil, das er uns bringt und schenken will. In Jesus von Nazareth, was auch immer biologisch da vor sich gegangen ist – nur geht es den neutestamentlichen Autoren darum ja überhaupt nicht! – begegnet uns Gott selbst, und in der Krippe beten wir das Geheimnis, das Mysterium der Menschwerdung Gottes bzw. von Gottes Sohn an: Der Schöpfer der Welt macht sich mit seiner Schöpfung, mit uns Menschen gemein. Das ist die höchste Würde, die uns zugesprochen werden kann: Gott war sich nicht zu schade *„Knechtsgestalt"* anzunehmen, wie es in dem alten Christuslied aus Philipper 2 (Vers 7) heißt.

Lassen sie uns einen Schritt weiter gehen und die 3. Strophe singen:

Frauen:
Kommt, singet dem Herren, singt, ihr Engelchöre!
Frohlocket, frohlocket, ihr Seligen:
»Ehre sei Gott im Himmel und auf Erden!«

Alle:
O lasset uns anbeten,
o lasset uns anbeten,
o lasset uns anbeten den König!

Die zweite Antwort des Liedes heißt: Trotz, bzw. besser noch, aufgrund seiner Menschwerdung bleibt Christus Gott und gebührt ihm gleiche Ehre wie dem Vater. Christus ist und bleibt mehr als jeder Engel.[56] Vielmehr: die Engelchöre und der Chor der Seligen sollen dem Christus singend, jauchzend, frohlockend die Ehre geben. Das greift den Lobgesang der *„Menge der himmlischen Heerscharen"* (Lukas 2,13) auf, erinnert aber auch an die zahlreichen Hymnen in der Offenbarung des Johannes, die Gott und seinen Christus, den auferweckten und erhöhten Gekreuzigten, auch gegen den Augenschein immer wieder für seine Gnade, Barmherzigkeit, Gerechtigkeit und seinen Sieg über die Mächte der Finsternis loben und preisen. Und schon der irdische Jesus wurde, nach Lukas, mit an das *„Ehre sei Gott im Himmel und auf Erden!"* (vgl. Lukas 2,14) anklingenden Worten in Jerusalem begrüßt.[57]

Aber auch wir sind hier wieder mit angesprochen und einbezogen. Zugleich mit den Engeln und den Seligen sollen und dürfen wir in unseren Gottesdiensten Gott und seinen Christus loben, der durch seinen Heiligen Geist in seinem Wort und in den Gaben der Sakramente uns immer wieder nahe, ganz nahe kommen will und kommt.

Lassen sie uns nun die 4. Strophe singen:

Rechte Seite:
Ja, dir, der du heute Mensch für uns geboren,
Herr Jesu, sei Ehre und Preis und Ruhm,
dir, fleischgewordnes Wort des ewgen Vaters!

Alle:
O lasset uns anbeten,
o lasset uns anbeten,
o lasset uns anbeten den König!

„…uns zum Heil geboren" heißt – und das ist die dritte Antwort: Jesus ist wahrer wirklicher Mensch, *„in allem uns gleich außer der Sünde"*, wie der Hebräerbrief (4,15) festhält.
„Und das Wort ward Fleisch" (Johannes 1,14) meint, dass der ewige Sohn des Vaters, dass Christus Jesus wirklich der Vergänglichkeit unterworfen war. Alles, was den Menschen, was menschliches Leben ausmacht, hat er angenommen und getragen – bis hinein in die letzte Konsequenz, den Tod, und zwar den am Kreuz! Denn nur so kann der ganze Mensch erlöst, geheilt, befreit und gerettet werden. Die Aussage über das *„fleischgewordne Wort des ewgen Vaters"* ist die notwendige Ergänzung zu dem *„Gott, wahrer Gott, von Ewigkeit geboren"*!

Dass diese ungetrennte und unvermischte Zusammengehörigkeit von Gottheit und Menschheit in Jesus Christus von Anfang an da ist, zeigen die neutestamentlichen Weihnachtserzählungen je auf ihre Weise:

Engel und Hirten ehren das Kind in der Krippe und in ihm Gott; die Weisen aus dem Osten verehren das Kind in Bethlehem als den wahren König, das dann dem irdischen König durch die Flucht zunächst weichen muss.

So kehren wir am Ende dieses Liedes wieder zurück nach Bethlehem um mit Hirten, Weisen und Engeln den zu ehren, der für uns und zu unserem Heil Fleisch angenommen hat aus der Jungfrau Maria; der Mensch wurde, damit wir Gottes Kinder werden, sein und bleiben können.

Unser Vater im Himmel[58]

5 Wenn ihr betet, sollt ihr nicht sein wie die Heuchler, die gern in den Synagogen und an den Straßenecken stehen und beten, damit sie von den Leuten gesehen werden. Wahrlich, ich sage euch: Sie haben ihren Lohn schon gehabt.

6 Wenn du aber betest, so geh in dein Kämmerlein und schließ die Tür zu und bete zu deinem Vater, der im Verborgenen ist; und dein Vater, der in das Verborgene sieht, wird dir's vergelten.

7 Und wenn ihr betet, sollt ihr nicht viel plappern wie die Heiden; denn sie meinen, sie werden erhört, wenn sie viele Worte machen.

8 Darum sollt ihr ihnen nicht gleichen. Denn euer Vater weiß, was ihr bedürft, bevor ihr ihn bittet.

9 Darum sollt ihr so beten:

Unser Vater im Himmel! Dein Name werde geheiligt.

10 Dein Reich komme. Dein Wille geschehe wie im Himmel so auf Erden.

11 Unser tägliches Brot gib uns heute.

12 Und vergib uns unsere Schuld, wie wir vergeben unsern Schuldigern.

13 Und führe uns nicht in Versuchung, sondern erlöse uns von dem Bösen. [Denn dein ist das Reich und die Kraft und die Herrlichkeit in Ewigkeit. Amen.]

14 Denn wenn ihr den Menschen ihre Verfehlungen vergebt, so wird euch euer himmlischer Vater auch vergeben.

15 Wenn ihr aber den Menschen nicht vergebt, so wird euch euer Vater eure Verfehlungen auch nicht vergeben.

(Matthäus 6,5-15)

Vaterunser im Himmel..., Worte, die Erinnerungen und Gefühle auslösen, an Menschen, Erlebnisse und Erfahrungen; Worte, die viele Menschen und die meisten Gottesdienstbesucher heute noch fast automatisch einstimmen lassen. Worte, die mehr als alles andere für unser Empfinden einen Gottesdienst oder eine Andacht konstituieren. Worte, bei denen ob ihrer Vertrautheit die Gefahr besteht, dass wir sie nur noch formelhaft benutzen – und nicht mit dem Herzen. Worte, die in der persönlichen Gebetspraxis am Anfang und am Ende eines Tages stehen können (vgl. Luthers Morgen- und Abendsegen[59]), und die den Tag so umfangen und zu einem Gottesdienst machen können. Alte, uralte Worte, die uns über die Zeiten hinweg verbinden mit dem, der sie als erster aussprach. Worte, die im Zentrum der Bergpredigt des Jesus von Nazareth stehen; in denen sich konzentriert, was Jesus wollte und lehrte und tat – über die man unendlich viel sagen und schreiben kann[60] - und die doch eher zum Mit-beten einladen, zum Nach-denken, Meditieren. Worte schließlich, die die abstrakte theologische Lehre von der Trinität, der Dreieinigkeit, konkret und verständlich werden lassen: Denn wir beten alle gemeinsam zu Gott, unserem Vater und Schöpfer; im Sprechen der Worte sind wir ganz nah bei dem – ja geradezu in dem - der sie uns lehrte, Jesus, dem Sohn; und der eine Geist Jesu und des Vaters schließt uns miteinander und mit Jesus zusammen, dieser Heilige Geist ermächtigt unsere Worte und trägt sie vor Gottes Ohren und in Gottes Herz.

Unser Vater im Himmel! Dein Name werde geheiligt. Dein Reich komme - nicht nur in Espenau oder in Deutschland – sondern weltweit. *Gehet hin und machet zu Jüngern alle Völker* (Matthäus 28,19), lautete der Auftrag Jesu an seine Jünger – und Gottes Geist sorgte dafür, dass Menschen aller Völker am Pfingstfest (und bis heute) in ihrer eigenen Muttersprache die Gute Nachricht, das Evangelium verstanden, das die Jünger ihnen bezeugten. So soll auch heute das Lob Gottes in der Fülle und Vielfalt der Zungen und Sprachen laut werden.

Ich habe es immer als beglückend erlebt, wenn Menschen unterschiedlicher Herkunft in ihren eigenen Sprachen und doch gemeinsam beten und Gott loben konnten und können. Sei es in Griechenland oder im Libanon, sei es in Tansania oder in Kamerun, sei es dann, wenn Menschen, Christen aus diesen oder anderen Ländern in unseren Gemeinden und unseren Gottesdiensten zu Besuch sind – spätestens dann, wenn wir gemeinsam das Gebet des Herrn sprechen, wird Ökumene wahrhaft erfahr- und erlebbar. Und das Wissen darum, dass an diesem Tag viele Kolleginnen und Kollegen, zahllose Schwestern und Brüder in Christus (die ich teilweise virtuell oder auch persönlich kennengelernt habe) dasselbe wie ich, wie wir tun: nämlich in der Muttersprache zu unserem gemeinsamen Gott und Vater beten; zu dem, der uns in dieser Vielfalt wollte und schuf, mit den jeweils anders klingenden und doch selben Worten seines Sohnes, der für uns alle gestorben ist und auferweckt wurde – dieses Wissen bereichert meinen / unseren Glauben und erweitert und befruchtet meine Weltsicht.

Hier gelangen wir an das Herz des Betens – und können vielleicht sogar die Herzen von Menschen erreichen, die anderen Glaubens sind: Vorgestern schenkte der Geist mir die Idee, für den Einstieg in den Religionsunterricht der ersten Klasse das Vaterunser nicht nur deutsch zu sprechen, sondern es den drei türkischstämmigen und leider noch kaum deutsch sprechenden Kindern in ihrer Sprache anzubieten: ich meine, das hat nicht nur die drei, sondern auch die anderen berührt – und allen hoffentlich die Herzen etwas mehr füreinander geöffnet.

Unser Vater im Himmel! ...Dein Wille geschehe wie im Himmel so auf Erden. Mit diesen Worten wird die Brücke zum Gebet Jesu im Garten

Gethsemane geschlagen: *Vater, lass diesen Kelch an mir vorübergehen; aber nicht mein, sondern dein Wille geschehe* (Matthäus 26,39 + Lukas 22,42[61]). Ganz oft erlebe ich, dass kranke bzw. sterbende Menschen, auch solche, die nicht mehr ansprechbar sind, die kaum noch eine bzw. gar keine Reaktion mehr zeigen, beim Klang und Rhythmus der Worte des Vaterunsers wieder aufmerken, ja sogar versuchen mitzubeten. Da wird offensichtlich ein weit in ihr Leben zurückreichendes Grundgefühl angesprochen, etwas aktiviert, was sie schon früh in ihrem Leben gelernt und verinnerlicht haben. Und ich bin der Überzeugung, dass das „bewusste" Mit-Sprechen in solchen Grenzsituationen des Lebens für die Sterbenden auch ein Einwilligen und Annehmen ihres nahenden Todes ist – und für die anwesenden und mitbetenden Angehörigen können diese Worte eine Hilfe zur Einwilligung in den für sie sich anbahnenden endgültigen Abschied sein. *Dein Wille geschehe...*

Unser Vater im Himmel! ... Unser tägliches Brot gib uns heute. Und vergib uns unsere Schuld, wie auch wir vergeben unsern Schuldigern. Beten führt nicht nur in der Vertikalen über sich hinaus, sondern auch in der Horizontalen: Beten hat Konsequenzen, für mich und uns, für mein / unser Verhalten zum Nächsten, für unser Miteinander. „Unterbrich mich nicht" heißt ein Text aus einem Konfirmandenbuch[62]. Es ist ein Gespräch zwischen einem Vaterunser-Beter und Gott: Der Beter / die Beterin erlebt auf einmal, dass ihre Worte gehört werden, dass am anderen Ende der Leitung jemand, Gott selbst sitzt und zuhört und mit der Beterin spricht. Ein gedankenloses Dahersagen der Worte ist auf einmal nicht mehr möglich, sondern es entwickelt sich ein Gespräch über die einzelnen Abschnitte des Vaterunsers. Der Beter und Gott merken, dass Beten nicht folgenlos sein kann bzw. ist. In der letzten Konfirmandenstunde haben zwei Jugendliche das sehr engagiert vorgetragen – und ich hatte den Eindruck, dass an der einen oder anderen Stelle einigen wenigstens ein kleines Licht aufgegangen ist.

Denn wir sollen, wie Jesus einleitend zu dem *Unser Vater...* betont, gerade nicht plappern und die Worte im Grunde nur formelhaft herunterleiern. Wir sind vielmehr eingeladen, uns hineinnehmen zu lassen in die Bewegung der Liebe Gottes, die vom Vater her in Jesus in die Welt kommt, die in der Nachfolge Jesu, ermutigt und gestärkt durch seinen Geist, zur Begegnung mit dem Nächsten führt, und die uns gemeinsam im Geist der Liebe den Weg zurück zum Vater finden und gehen lässt.

Gott weiß zwar im Voraus, was wir brauchen, bevor wir ihn bitten[63], aber ER will uns auf seinem Weg in und durch die Welt, bei der Aufrichtung seines Reiches, mitnehmen und beteiligen. Und dafür ist niemand zu jung oder zu alt, so dass es mehr als angesagt ist, schon mit kleinen Kindern, spätestens sobald sie sprechen können, das Vaterunser zu beten und zu lernen. Ich finde es im Religionsunterricht der Grundschule, aber auch im Konfirmandenunterricht, immer wieder erschreckend, dass dieses Grundgebet der Christenheit kein Allgemeingut mehr ist; dass es offenbar selbst in Familien, die ihre Kinder haben taufen lassen, nicht mehr gemeinsam gebetet und so, im regelmäßigen (abendlichen) Vollzug, den Kindern nahe gebracht wird.

Andererseits freue ich mich dann immer wieder besonders, wenn - gerade in Familien- oder Taufgottesdiensten - die Stimmen der Kinder hell und klar zu hören sind, sie ihren Eltern und Großeltern manchmal mit gutem Beispiel voranbeten. Denn, wie Jesus einmal betonte, als jubelnde und lobpreisende Kinder im Tempel zur Ruhe gebracht werden sollten: *Gott wird sich* im Zweifel *aus dem Munde der Unmündigen und Säuglinge Lob bereiten* (Matthäus 21,15+16)!

Wer ist mein Nächster?[64]

19 Es war aber ein reicher Mann, der kleidete sich mit Purpur und köstlicher Leinwand und lebte alle Tage herrlich und in Freuden.

20 Es war aber ein Armer mit Namen Lazarus, der lag vor seiner Tür voller Schwären

21 und begehrte, sich zu sättigen von dem, was von des Reichen Tische fiel; dazu kamen auch noch die Hunde und leckten ihm seine Schwären.

22 Es begab sich aber, dass der Arme starb und ward getragen von den Engeln in Abrahams Schoß. Der Reiche aber starb auch und ward begraben.

23 Als er nun bei den Toten war, hob er seine Augen auf in seiner Qual und sah Abraham von ferne und Lazarus in seinem Schoß.

24 Und er rief und sprach: Vater Abraham, erbarme dich mein und sende Lazarus, dass er das Äußerste seines Fingers ins Wasser tauche und kühle meine Zunge; denn ich leide Pein in dieser Flamme.

25 Abraham aber sprach: Gedenke, Sohn, dass du dein Gutes empfangen hast in deinem Leben, Lazarus dagegen hat Böses empfangen; nun wird er hier getröstet, und du wirst gepeinigt.

26 Und über das alles ist zwischen uns und euch eine große Kluft befestigt, dass, die da wollten von hier hinüberfahren zu euch, könnten nicht, und auch nicht die von dort zu uns herüber können.

27 Da sprach er: So bitte ich dich, Vater, dass du ihn sendest in meines Vaters Haus;

28 denn ich habe noch fünf Brüder, da, auf dass sie nicht auch kommen an diesen Ort der Qual.

29 Abraham sprach: Sie haben Mose und die Propheten; lass sie dieselben hören.

30 Er aber sprach: Nein, Vater Abraham, wenn einer von den Toten zu ihnen ginge, so würden sie Buße tun.

31 Er sprach zu ihm: Hören sie Mose und die Propheten nicht, so werden sie auch nicht glauben, wenn jemand von den Toten aufstünde.

(Lukas 16,19-31)

„Der reiche Mann und der arme Lazarus" – eine hochspannende Geschichte von Gerechtigkeit, verpasster Umkehr und der Wirkung extravaganter Wunder.

„Reicher Mann und armer Lazarus" – dabei treten die beiden nirgends in eine direkte Beziehung, noch kommunizieren sie miteinander. In seinem irdischen Leben nimmt der Reiche den vor seiner Tür liegenden Lazarus überhaupt nicht wahr, übersieht ihn. Und im jenseitigen „Leben" redet der Reiche nur mit Abraham, während Lazarus ihm zwar jetzt sogar mit Namen bekannt ist, er aber für den Reichen immer noch nicht mehr ist als höchstens ein Laufbursche Abrahams.

Drei Szenen, in denen es um die Frage des Heils für den Reichen bzw. seine ebenso reichen Brüder geht – in denen Lazarus als Katalysator dient, der die Frage nach Heil und Gerechtigkeit zur Entscheidung und Darstellung bringt: Im Hintergrund steht die Frage nach dem Kern des Gesetzes, dem: *Du sollst Gott mit ganzem Herzen lieben und deinen Nächsten wie dich selbst* (z.B. Lukas 10,27) – und die daran anschließende, aus der Gleichniserzählung vom barmherzigen Samariter (Lukas 10,30-36) bekannte Frage: *Wer ist denn mein Nächster?* (Lukas 10,28)

In der ersten Szene unserer Geschichte ist auf der einen Seite der Tür der in fast unvorstellbarem Reichtum und Luxus lebende Reiche, namenlos!, und auf der anderen Seite der Arme namens Lazarus. Schon das ist bemerkenswert, dass der Arme hier einen Namen und damit quasi auch ein Gesicht bekommt: Lazarus, vom hebräischen Namen Eleazar, bedeutet: „Gott hilft", während der Reiche anonym, gesichtslos bleibt.

Lazarus = Gott hilft, nämlich dem Reichen wahrzunehmen, dass die Not, die Armut, das Leiden nicht einfach nur eine undefinierbare Masse ist, oder sich in einer Statistik ausdrückt, sondern ein – nein: ganz viele Gesichter hat; konkrete Menschen, die einen Namen tragen, die von Gott genauso gewollt und geliebt sind, wie der Reiche es von sich – sicherlich auch aufgrund seines Reichtums – meint. Mit Lazarus vor seiner Tür gibt Gott dem reichen Mann die Chance schon hier und jetzt etwas für seiner Seelen Seligkeit zu tun, indem er die Not vor seiner Haustür sieht und die Initiative zu ihrer Abstellung oder doch wenigstens Linderung ergreift.

Hier wird ja nicht der Reichtum als solcher kritisiert oder verworfen, Jesus setzt offenbar voraus, dass es fraglos reiche und arme Menschen in der Welt gibt; hier und anderswo geht es nicht um eine Umkehrung der Verhältnisse. Aber der reiche Mann hätte die Chance gehabt, etwas aus seinem Reichtum zu machen, die in seinem – meinetwegen auch gottgeschenkten – Reichtum und Eigentum begründete soziale Verantwortung und Verpflichtung wahrzunehmen, etwas zu tun, das nicht nur ihm und seinesgleichen zugute kommt, sondern dass die Not und das Leid, das direkt vor seiner Haustür liegt und zu finden ist, lindert.

Wer ist mein Nächster? – im Prinzip jeder, aber konkret der vor meiner Tür, auf meinem Weg liegende Mensch; denn durch ihn hilft mir Gott zu zeigen, dass ich IHN in Wahrheit liebe, indem ich eben auch meinen Nächsten, einen von den geringsten Geschwistern Jesu[65], liebe und es konkret werden lasse.

Die zweite Szene beginnt mit der Feststellung des Todes der beiden. Der Skandal liegt in dem, was beiden danach wiederfährt: Lazarus landet an Abrahams, des Gerechten, Seite; der Reiche einfach im Totenreich, wo er Qualen leidet. Und, wie Abraham dann dem Reichen erklärt, besteht keine Möglichkeit dem Abhilfe zu schaffen. Es gibt, die Überzeugung steckt in diesem Text, ein Zu-Spät für die Umkehr, für die Möglichkeit, seinen bisher falschen, verkehrten Weg zu erkennen und auf den Weg des Willens Gottes um- bzw. zurückzukehren. Wann das Zu-Spät ist, weiß keiner, außer Gott allein: Lukas erzählt immer wieder von Menschen, die den richtigen Zeitpunkt erkannt bzw. ihn verpasst haben, wie zum Beispiel im Gleichnis vom reichen Grundbesitzer[66], dem Gott sagt: *Noch in dieser Nacht wirst du sterben und wem wird dann gehören, was du angehäuft hast?* (nach Lukas 13,20) Oder in der Begegnung mit Zachäus, die jenen dazu bringt das betrügerisch Erworbene mehrfach zurückzugeben[67] oder schließlich jenen Verbrecher am Kreuz, der Jesus gegen den lästernden zweiten Verbrecher verteidigt und dem Jesus zusagt heute noch mit ihm im Paradies zu sein[68].

In der dritten Szene entdeckt der reiche Mann auf einmal doch seine „soziale" Ader, allerdings immer noch nicht für die Lazarusse dieser Welt, sondern für seine ebenso reichen Brüder. Abraham soll Lazarus schicken um sie zu warnen, um ihnen rechtzeitig die Chance zu geben, noch einen anderen Weg einzuschlagen. Und der Reiche ist offensichtlich der Meinung, dass es besonders wirksam wäre, wenn einer von den Toten zurückkäme und diese Warnung ausspäche. Abraham lehnt das zweimal ab: Spektakuläre Wunder oder der Auftritt von Wiedergängern oder Zombies oder wie auch immer solche Gestalten (heute) genannt werden, bringt gar nichts! *Sie haben Mose und die Propheten, wenn sie auf die nicht hören, wird sie auch keine Totenauferstehung überzeugen.*

Heißt – und zwar auch für uns!: Uns ist die Heilige Schrift, die Bibel gegeben, das, was wir das Alte Testament nennen, und die Interpretation, die Jesus dem gegeben hat und die Gott durch die Auferweckung Jesu von den Toten bestätigt hat. Ihr habt die Bibel zu Hause stehen, nehmt sie und lest sie, denn dort findet ihr alles, was für ein gottgemäßes Leben nötig ist.

Und noch einmal: es geht nicht darum, dass der Reiche arm und der Arme reich werde, sondern der Reiche soll von seinem Reichtum dem geben, der darbt und leidet; die Not, die mir begegnet, die vor meiner Haustür liegt, soll damit abgestellt werden. Denn der Gottesglaube allein rettet nicht – auch die Dämonen glauben an den einen Gott und zittern![69] – es ist immer wieder der Zusammenhang von Gottesliebe und Nächstenliebe, der entscheidend ist: Wer sagt, dass er Gott liebt, aber seinen Bruder und Schwester links liegen lässt, der lügt, weil beides, Gottesliebe und Nächstenliebe, einander bedingen[70].

...auf dass wir klug werden, unter diesem Motto stand der Kirchentag, der heute zu Ende geht. Vollständig lautet der Satz: *Herr, lehre uns bedenken, dass wir sterben werden, auf dass wir klug werden* (Psalm 90,12). Klug, weise sein meint, die Furcht des Herrn üben, in Gottes Wort lesen und darauf hören und es tun; in verschärfter Weise so, wie Jesus es uns ausgelegt und nahe gebracht hat.

The Seven Stars[71]

Ich habe ihnen in dieser Nacht einen Stern bzw. sieben Sterne vom Himmel geholt. „The Seven Stars" (Die sieben Sterne) heißt das Bild auf der ausgeteilten Klappkarte[72], ein Mandala des christlichen indischen Künstlers Jyoti Sahi. Er knüpft damit, so habe ich gelesen, an Verse aus der Johannesoffenbarung an:

1 Und es erschien ein großes Zeichen im Himmel: eine Frau, mit der Sonne bekleidet, und der Mond unter ihren Füßen und auf ihrem Haupt eine Krone von zwölf Sternen.
2 Und sie war schwanger...
5 Und sie gebar einen Sohn ...

(Offenbarung 12,1-2a.5a)

Ein merkwürdiges, mythisches Bild, mit Motiven, die bekannt vorkommen und doch fremd bleiben: weihnachtlich die „himmlische" schwangere Frau, die einen Sohn gebiert; dann der Vollmond unter ihren Füßen, morgen, am Weihnachtstag, ist es soweit (!); der Kranz aus zwölf Sternen, der uns von der Europafahne geläufig ist...

Mir ist beim Nachdenken über dieses Bild der eine große goldfarbene Stern auf blauem Grund, der sieben ebenso goldene kleine Sterne in sich birgt, entgegengesprungen; Gold als göttliche Farbe vor himmlischem Blau.
Zahlreiche „Stern-Lieder" fallen mir dazu ein[73] – aber dann, weil der Künstler die Offenbarung des Johannes als Deutehorizont ins Spiel gebracht hat, ist mir auch das das Siebengestirn in den Sinn gekommen, die Plejaden – und der erhöhte und verherrlichte Christus vom Anfang der Offenbarung, der sieben Sterne in seiner Hand hält[74].
Andererseits: es sind letztlich weder zwölf noch sieben Sterne, denn die kleinen sind Teil eines großen, achten Sterns. Dieser große Stern seinerseits setzt sich wiederum zusammen aus zwölf an einem Ende abgewinkelten Streifen, die wiederum 24 Strahlen ergeben.
Wahrlich: ein Mandala, ein Bild zum Nach-Denken, das zur Mitte, ins Zentrum der Weihnacht führt – einem Zentrum, das aber nicht so sehr in, sondern eher hinter diesem Bild liegt.

84

Sternen schreiben wir Menschen immer schon eine besondere Bedeutung für unser menschliches Schicksal und Ergehen zu – warum sonst kennen sich so viele bestens mit den Sternzeichen aus, lesen regelmäßig ihr Horoskop, um Rat für Entscheidungen zu bekommen.

Die Frage der Magier bzw. Astrologen: *„Wo ist der neugeborene König der Juden? Wir haben seinen Stern gesehen im Morgenland und sind gekommen, ihn anzubeten"* (Matthäus 2,2), zeigt jedoch, dass auch die Sterne und die in ihnen und durch sie repräsentierten Mächte nur Diener des einen, einzigen und wahren Gottes sind – die immer auch der Interpretation durch Gottes Wort bedürfen.

„Wir haben seinen Stern gesehen", den Stern dessen, in dem alle Weisheit und Erkenntnis verborgen liegen. *„Wir glauben an den **einen** Gott" (Credimus in unum Deum)*, bekennen wir im Glaubensbekenntnis von Nizäa-Konstantinopel (EG 805). Wir glauben an den Gott, durch den und von dem alles ist, was existiert. In ihm ist, besser: ER ist die Fülle, wie ja in dem einen großen Stern alles andere enthalten und von ihm umfangen ist bzw. von ihm ausgeht.

Dieser eine große Stern sendet 24 Strahlen aus. Einmal auf die Spur der Offenbarung gesetzt, sind mir dazu die 24 Engelgestalten eingefallen, die in der Schilderung des Sehers Johannes den Thron Gottes umgeben.[75] Ohne Unterlass, Tag und Nacht, 24 Stunden lang singen sie das Lob Gottes und seines Christus: *„Ehre sei Gott in der Höhe und Friede auf Erden bei den Menschen seines Wohlgefallens."* (Lukas 2,14) In Gott ist die Fülle der Zeit und der Zeiten beschlossen – Ewigkeit, auch im Sinne von Gleichzeitigkeit. Denn so wie im Himmel vor dem Thron Gottes der Lobpreis nie endet, soll auch hier auf Erden das Lob und die Anbetung Gottes nie verstummen, *„denn unermüdlich wie der Schimmer / des Morgens um die Erde geht, / ist immer ein Gebet und immer*

/ *ein Loblied wach, das vor dir steht."* (EG 266,3) - *„Betet ohne Unterlass!"* (1. Thessalonicher 5,17), ermahnt der Apostel Paulus, weil die Welt ohne unser unablässiges Beten noch unheilvoller wäre als sie es ohnehin schon ist.

Aus zwölf Streifen ist der große Stern geflochten. Die Zwölfzahl weist auf die Erwählung und Berufung des einen Volkes Gottes aus Juden und Heiden, zwischen denen die Mauer der Feindschaft durch den menschgewordenen Gott, Jesus Christus, niedergerissen worden ist: *„Friede auf Erden bei den Menschen"*, die ihm, Christus, vertrauen, die vor dem Thron, an seiner Krippe zusammen kommen um anzubeten und dann die Botschaft seines Friedens hinauszutragen.
Solche Sternengeflechte werden in Südindien an besonderen Festtagen als Zeichen der Liebe und des Willkommens an Haus- und Hütteneingänge gehängt. *„Sei mir willkommen, edler Gast! / Den Sünder nicht verschmähet hast / und kommst ins Elend her zu mir: / wie soll ich immer danken dir?"* (EG 24,8) singen wir in einem der bekanntesten Weihnachtslieder.

The Seven Stars - der Menschensohn aus der Offenbarung hält sieben Sterne in seiner Hand. Damit signalisiert er den bedrängten und verfolgten Christen (und den Menschen guten Willens), dass alle Mächte, die ihnen Angst machen, umschlossen sind von der Macht dessen, der auch ihr Schöpfer ist. *„Fürchtet euch nicht! …euch ist heute der Heiland geboren, welcher ist Christus, der Herr…"* (Lukas 2,10.11). Der Schöpfer der Welt, der jetzt in diesem Kind in der Krippe liegt, will und wird die Welt heilen, will und wird die Wunden der Menschen heilen und ihre Tränen trocknen. Und er will bei uns anfangen: die Herrschaft des menschgewordenen und erhöhten Gekreuzigten über die Mächte dieser Welt gewinnt schon jetzt Gestalt in seiner Herrschaft über die Kirche, über das Volk Gottes.

Das ist die gerade auch in den Weihnachtsliedern immer wieder besungene Paradoxie, dass der Höchste ganz gering wird, dass der Herr der Welt, den aller Himmel Himmel nicht fassen kann[76], Platz findet in einer Krippe, in der Krippe meines Herzens[77]; und dass Gott auf dem Weg der Liebe und der Barmherzigkeit und des Friedens herrschen will in dieser Welt des Reichtums, der Gewalt und des Unfriedens. *„Das hat also gefallen dir, / die Wahrheit anzuzeigen mir, / wie aller Welt Macht, Ehr und Gut / vor dir nichts gilt, nichts hilft noch tut."* (EG 24,12)

„Wir haben seinen Stern gesehen", den einen Stern, der die Siebenzahl zur Acht vollendet: denn in IHM, dem Kind in der Krippe, dem Mann am Kreuz, beginnt die neue Schöpfung. Am achten Tag, dem ersten Tag der neuen Woche, wurde durch Jesu Auferweckung und seine Erhöhung zur Rechten Gottes besiegelt, dass die am Heiligen Abend erschienene Liebe siegt, die Barmherzigkeit sich durchsetzt und der Friede, von dem der Engel in der Heiligen Nacht den Hirten gesungen hat, wahr ist und wahr werden soll: in unseren Herzen, in der Welt, die Eigentum Gottes ist und bleibt – Himmel auf Erden, gegründet im Wasser der Taufe.

Solches tut zu meinem Gedächtnis[78]

23 Denn ich habe von dem Herrn empfangen, was ich euch weitergegeben habe: Der Herr Jesus, in der Nacht, da er verraten ward, nahm er das Brot, 24 dankte und brach's und sprach: Das ist mein Leib, der für euch gegeben wird; das tut zu meinem Gedächtnis.

25 Desgleichen nahm er auch den Kelch nach dem Mahl und sprach: Dieser Kelch ist der neue Bund in meinem Blut; das tut, sooft ihr daraus trinkt, zu meinem Gedächtnis.

26 Denn sooft ihr von diesem Brot esst und aus dem Kelch trinkt, verkündigt ihr den Tod des Herrn, bis er kommt.

(1. Korinther 11,23-26)

Wie in jedem Jahr sitzen wir auch heute wieder zusammen, um uns an das letzte gemeinsame Mahl Jesu mit seinen Jüngern zu erinnern. Es ist für viele eine gute Tradition an diesem Abend hier zu sein, vielleicht nach dem letzten Stress der Arbeit, den Vorbereitungen auf das lange Wochenende zur Ruhe zu kommen; sich einzustimmen auf die hohen Feiertage, die vor uns liegen.

Ja, Tradition tut gut und bekannte Rituale bergen und tragen, das weiß auch der Apostel Paulus: *Denn ich habe von dem Herrn empfangen, was ich euch weitergegeben habe.* – Mit dem, was wir heute Abend machen und feiern, stehen wir in einer Tradition, die bis zum Anfang unseres Glaubens zurückreicht: Wie Jesus, mit Jesus sitzen wir zu einem festlichen Mahl – und sei es in seiner Form noch so reduziert – zusammen, hören von der Befreiung aus ägyptischer Sklaverei, gedenken der Bewahrung vor dem Todesengel durch das Blut des Lammes[79] – lassen uns auch hineinnehmen in die Erwartung des großen Freuden- bzw. Hochzeitsmahls im Reich Gottes[80].

Tradition – schön und gut!
Aber spüren wir noch die Sprengkraft, die Radikalität, die Fragen und Anfragen, das Feuer, das in solchen Traditionen und Traditionsstücken steckt?!

Einmal ist in diesen von Paulus überlieferten Worten eine Form des Abendmahls aufbewahrt, die spätestens seit dem 3. Jahrhundert nirgendwo mehr in der Kirche praktiziert wurde. Es ist die damals vor allem unter frommen Menschen übliche Form einer Mahlzeit, sei es eines Festmahls, sei es einer ganz normalen Mahlzeit. Diese begann mit einem Dankgebet an Gott über dem Brot, das dann vom Hausherrn geteilt und unter die Teilnehmer verteilt wurde. Ebenso war es üblich, dass nach dem Essen ein Dankgebet über dem sogenannten Segensbecher gesprochen wurde, der dann herumgereicht und aus dem von allen zum Beschluss getrunken wurde.

Bei uns ist dieser Brauch teilweise noch bekannt als „Tischgebet", gesprochen in der Regel vor einer Mahlzeit. Ein Ritual, das oft nur noch um der kleinen Kinder willen geübt wird, aber, sobald sie größer werden, auch wieder außer Gebrauch gerät – warum eigentlich?! Ist doch in diesem Ritual noch etwas von dem uralten Wissen darum enthalten, dass die tägliche Mahlzeit im Grunde Gabe und Geschenk dessen ist, der die Welt schuf; das Wissen darum, dass ausreichende Nahrung keineswegs eine Selbstverständlichkeit bedeutet und in jedem Fall des Dankes wert ist. Warum schämen wir uns eigentlich, unseren Glauben vor und gegenüber Fremden – dabei sind uns unsere Kinder hoffentlich keine Fremden! – zu zeigen und zu praktizieren? Weil es sonst keiner macht? Warum fangen wir nicht einfach an, vielleicht gibt es mehr, die gerne mitmachen würden, sich aber auch nicht trauen!

Das Abendmahl ist also von seinem Ursprung her eine richtige Mahlzeit gewesen, in der das zur Eröffnung gebrochene Brot und der zum Abschluss mit einem Dankgebet herumgereichte Becher eine besondere Deutung erhielten.

Auch in Korinth war es wahrscheinlich üblich, dass neben dem rituellen, eucharistischen Essen und Trinken, auch eine normale Mahlzeit praktiziert wurde. Dazu brachte jeder mit, was er hatte und geben konnte. Eigentlich eine gute Sache, nur hatte die Praxis in Korinth einen Hacken: Denn zwar brachte jeder mit, was er konnte, aber das wurde dann nicht geteilt, sondern jeder aß das, was er selbst mitgebracht hatte, so dass die Reichen sich satt essen konnten, während die Armen, Sklaven beispielsweise, hungerten. Durch den Ritus werden also die Unterschiede in der Gemeinde manifestiert und zementiert – obwohl doch genau das nicht geschehen sollte in der gemeinsamen Erinnerung und Vergegenwärtigung der allen unterschiedslos geltenden Heilstat Jesu Christi.

Anders gesagt – und das ist der zweite Punkt: Wer miteinander das Abendmahl des Herrn feiern will, kann das im Grunde nur tun, wenn er wirklich bereit ist, das in Christus erwirkte Heil auch an und für sich wirksam werden zu lassen, und das heißt: Unterschiede, Differenzen, Trennungen jeglicher Art zurückzustellen bzw. sich die damit ja immer auch verbundene Schuld vergeben zu lassen und anzunehmen, dass Christus in seinem Leib, zu dem wir durch unsere Taufe gehören, alle Mauern, die trennen, niedergerisssen hat. Sozialer Status, Besitz, politische Meinung, Konfession, Sprache, Volkszugehörigkeit, Hautfarbe – alles, was wir so gerne anführen, um Unterschiede zu machen, spielt in Christus und vor Gott keine Rolle. Denn heute Abend – aber nicht nur heute, sondern immer, wenn wir Abendmahl feiern, tun wir das zugleich mit zahllosen Christinnen und Christen überall auf der Welt. Und jeder von uns hat im Empfangen von Brot und Wein / Traubensaft Teil an dem einen Leib Christi, der gebrochen wurde, hat teil an dem Blut Christi, das einmal vergossen wurde für alle zur Vergebung der Sünden.

Und dann stellt diese Tradition, dieses Ritual uns die Frage, welche Gemeinschaft, welche Kirche, welche Gesellschaft wir letztlich wollen: offen und frei, ohne Ansehen der Person, weil auch Christus nicht darauf gesehen hat, dass mit ihm am Tisch ein Verräter, ein Verleugner, ein Zweifler und neun Feiglinge saßen. Alle bekamen sie teil an jenem besonderen Mahl, allen bot sich damit die Möglichkeit der Umkehr.

Wer also A sagt und zum Abendmahl des Herrn geht, der muss auch B sagen, der muss bereit sein, die ihm von Gott in Christus gewährte Versöhnung nicht nur für sich anzunehmen, sondern auch weiterzugeben und im Alltag zu praktizieren. Wer beispielsweise Parolen verbreitet, die Menschen diffamieren, die offen rassistisch sind, die Minderheiten diskriminieren, sei es religiöse, sei es sexuelle, oder die behinderte Menschen lächerlich machen und ausgrenzen, schließt sich selbst vom Abendmahl des Herrn aus, weil er die von Gott in Christus unterschiedslos allen Menschen gewährte Versöhnung verneint und so Christus ein zweites Mal kreuzigt.

Wunder gibt es immer wieder[81]

18 Als er dies mit ihnen redete, siehe, da kam einer von den Vorstehern der Gemeinde, fiel vor ihm nieder und sprach: Meine Tochter ist eben gestorben, aber komm und lege deine Hand auf sie, so wird sie lebendig.

19 Und Jesus stand auf und folgte ihm mit seinen Jüngern.

20 Und siehe, eine Frau, die seit zwölf Jahren den Blutfluss hatte, trat von hinten an ihn heran und berührte den Saum seines Gewandes.

21 Denn sie sprach bei sich selbst: Könnte ich nur sein Gewand berühren, so würde ich gesund.

22 Da wandte sich Jesus um und sah sie und sprach: Sei getrost, meine Tochter, dein Glaube hat dir geholfen. Und die Frau wurde gesund zu derselben Stunde.

23 Und als er in das Haus des Vorstehers kam und sah die Flötenspieler und das Getümmel des Volks,

24 sprach er: Geht hinaus! denn das Mädchen ist nicht tot, sondern es schläft. Und sie verlachten ihn.

25 Als aber das Volk hinausgetrieben war, ging er hinein und ergriff sie bei der Hand. Da stand das Mädchen auf.

26 Und diese Kunde erscholl durch dieses ganze Land.

(Matthäus 9,18-26)

„Wunder gibt es immer wieder"[82], kriecht ihnen dieser Wurm auch durchs Ohr?! „Wunder gibt es immer wieder, heute oder morgen können sie gescheh'n! …wenn sie dir begegnen, musst du sie auch seh'n!" Rechnen wir denn wirklich mit „Wundern"? Beziehungsweise wann rechnen wir mit Wundern, ja, wann erwarten wir geradezu, dass „Wunder" geschehen? Warum saugen wir entsprechende Nachrichten oder Posts von „Wunderheilungen" ungefiltert in uns auf? Woher kommt es, dass das aktuelle Buch Eckart von Hirschhausens,

„Wunder wirken Wunder. Wie Medizin und Magie uns heilen"[83], in der Spiegel-Bestseller-Liste von 0 auf Platz 1 einsteigt?! Und jene um Hogwards und in Mittelerde angesiedelten magischen Wunderwelten, ebenso wie die oft genug auf wundersame Weise mit Selbstheilungskräften ausgestatteten Superhelden des Marvel-Universums, faszinieren kleine und große Menschen immer noch und immer wieder neu. Andererseits und merkwürdigerweise: Sobald die Rede auf religiöse Wunder, gar auf die Wunder der Bibel, vor allem auf die Wunder Jesu kommt, wenden sich viele achselzuckend ab. Diese Wunder dienen auf einmal als Argument gegen die Glaubwürdigkeit der heiligen Schrift.

Warum sind wir in der Lage, die Erzeugnisse von J.K. Rowling und von J.R.R. Tolkien oder die X-Men- und Avenger-Filme als das wahrzunehmen, was sie sind: fiktive Literatur und cineastische Erzeugnisse?! Aber 2000 Jahre alte und nach ganz anderen Maßstäben funktionierende Literatur, Geschichten, die aus einer uns völlig fremden Zeit und Lebenswelt stammen, die teilweise mehrfach und voneinander abweichend überliefert sind, nehmen wir im Fall der Bibel als bare Münze, als naturwissenschaftliche Tatsachenberichte?!

„Wunder gibt es immer wieder"! Ja, davon waren die Menschen damals überzeugt, mehr noch als wir heute. Wunder, insbesondere in dem Sinn einer Heilung, die sich dem unmittelbaren Verstehen entzog, waren lebendiger Bestandteil antiken Lebens. Wunder waren ein kostbares Hoffnungsgut gerade jener Menschen, die sich einen teuren Arzt oder den ebenso teuren Aufenthalt in einem der Heiligtümer des göttlichen Arztes Asklepios nicht leisten konnten.

Von Propheten und Philosophen, von charismatischen Führern bis hin zu den Cäsaren erzählte man sich Wundergeschichten, die deutlich machten, dass in diesen und durch diese Menschen eine besondere, eine göttliche Macht wirkte. Es war also nichts Besonderes, dass auch von diesem Wanderprediger, dem Rabbi Jesus, Wundergeschichten erzählt wurden. Es wäre sogar merkwürdig, wenn es gerade von Jesus keine Wundergeschichten gäbe.

Geschichten, die auch zeigen wollen und sollen, wie tief er in den wunderbaren Hoffnungstraditionen seines Volkes verwurzelt ist:

-   Jesus erfüllt die Prophezeiungen des Propheten Jesaja, der angekündigt hatte, dass der Messias *„die Leiden seines Volkes auf sich nehmen wird"* (vgl. Jesaja 53,4), und dass *„Blinde sehen und Lahme gehen* werden, *Aussätzige rein werden und Taube hören können, Tote aufstehen und Armen das Evangelium gepredigt wird."* (Matthäus 11,5)
-   Jesus ist mehr als die großen Gottesstreiter Elija und Elisa, denen viele Wunder bis hin zu Totenerweckungen zugeschrieben wurden.[84]

Denn die Menschen, gerade die einfachen Leute, die „Kleinen", denen nach Matthäus Jesu besondere Zuwendung galt, verlangten nach einem „göttlichen Menschen", der ihnen wahrhaftig und wirksam umsonst half. Und so wird vor allem die Überlieferung der sogenannten therapeutischen Wunder, der Krankenheilungen, einen Anhalt an der historischen Person Jesus gehabt haben.

„Wunder gescheh'n, ich hab's gesehen… ich war dabei…"[85], sang Nena Mitte 1989, wenige Monate nach dem Tod ihres nur 11 Monate alt gewordenen Sohns. „Wunder gescheh'n…", dieses Lied, wie auch das wenig später aus vergleichbarem Anlass erschienene „Tears in heaven"[86] von Eric Clapton, stoßen mich darauf, dass das oft viel größere Wunder nicht in der Heilung im Sinne einer körperlichen Gesundung besteht, sondern darin, dass ein Mensch, der den Tod seines

Kindes oder eines anderen geliebten Menschen miterlebt und miterlitten hat, der vielleicht selbst an einer schweren, unheilbaren Krankheit oder an einer Behinderung leidet - dass ein solcher Mensch weiterlebt und trotz allem den Glauben an das Leben, an die Liebe, auch an Gott, nicht verliert!

Das lenkt meinen Blick zu Matthäus zurück, der in seiner Fassung dieser beiden Wundergeschichten genau davon spricht: Von dem größeren Wunder der Befreiung von der Todesangst, der Möglichkeit gerettet zu sein ohne körperliche Heilung oder ohne eine Totenerweckung erfahren zu haben.

Die Erzählung von der Totenerweckung des Mädchens und der Heilung der sogenannten blutflüssigen Frau wird in den drei synoptischen Evangelien (Matthäus, Markus, Lukas) überliefert. Doch Matthäus reduziert die bei Markus und Lukas sehr breit und farbig erzählte Geschichte auf ihre wesentlichen Züge, verstärkt aber das Wunder der Totenauferweckung, indem er das Mädchen, die Tochter eines Oberen, bereits verstorben sein lässt, als der Vater Jesus um Hilfe bittet.

Und Matthäus verschiebt fast unbemerkt den Sinn dieser Wundererzählung. Denn ganz so eindeutig, wie das auch die aktuelle Lutherübersetzung suggeriert, zielt die Geschichte bei Matthäus - in ihrem ursprünglichen griechischen Wortlaut - nicht auf Heilung im Sinn von Gesundheit oder körperlicher Unversehrtheit.

Die Frau spricht eigentlich nicht bei sich selbst: *„Könnte ich nur sein Gewand berühren, so würde ich **gesund"***, sondern *„so würde ich **gerettet."***

Jesus sagt nicht zu ihr: *„Dein Glaube hat dir **geholfen"***, sondern *„dein Glaube hat dich **gerettet."***

Und die Erzählung endet auch nicht mit den Worten: *„Und die Frau wurde **gesund** zu derselben Stunde"*, sondern mit dem Satz: *„Und die Frau wurde **gerettet** zu derselben Stunde. "*

Vom **Retten** ist hier die Rede - nicht vom Gesund-Werden. Vielleicht schließt das Retten in dieser Erzählung das Gesund-Werden des Körpers mit ein. Vielleicht hat Gott hier durch die Nähe und Berührung Jesu bis ins Leibliche hinein gewirkt. Vielleicht.

Fest steht aber und das hält der Evangelist Matthäus ausdrücklich fest: Die Frau wurde **gerettet**. Ihr Leben stand fortan unter der Überschrift: Gerettet!

Was aber bedeutet dieses „gerettet"? Was hat sich für die Frau durch die Begegnung mit Jesus geändert, selbst wenn sie *nicht* gesund geworden ist? Was hat es ihr *gebracht*, dass sie es wagte, diesen Zipfel des Gewandes Jesu zu ergreifen?

Ich denke, es ist *Befreiung*. Die Frau wurde befreit. Vielleicht nicht von der Krankheit selbst, aber von der _Macht_ dieser Krankheit – einer Macht, die sie quälte, die sie lähmte und niederdrückte, die sie an der Teilhabe am Leben hinderte. Diese Frau ist wieder lebendig geworden - ihr wurde ein neues Leben geschenkt. Vielleicht nicht ein Leben _ohne_ Krankheit, aber ein Leben, das _mit_ dieser Krankheit leben kann – jeden Tag neu. Nicht von ungefähr spricht Jesus sie als „Tochter" an – und übrigens nicht „meine Tochter", wie Luther übersetzt. Denn auch sie ist „Tochter", nämlich des Vaters im Himmel, sie ist geliebtes Kind Gottes, egal, wie es ihr sonst geht.

Und ja, auch die Totenerweckung ist nicht ganz so eindeutig, wie sie immer scheint. Der Vater, ein Vorsteher, vielleicht der Synagoge, vielleicht auch so etwas wie ein Ortsvorsteher – vollzieht vor Jesus die Proskynese. Er wirft sich ehrend und verehrend vor Jesus nieder und bringt damit seinen Glauben zum Ausdruck: In Jesus wirkt Gott in einer besonderen Art und Weise. Und so bittet der Vater Jesus: *„Komm, lege deine Hand auf sie und sie wird lebendig."* Und Jesus kommt und *„ergreift die Hand"* des Mädchens.

Für das, was nun geschieht, benutzt der Evangelist eine Formulierung, die er genau so auch einsetzt, um in seiner Passions- und Ostergeschichte davon zu reden, dass Jesus *„auferstanden"* ist. Was auch immer hier geschehen sein mag - und die Menschen waren, völlig zurecht, davon überzeugt, dass der Gott, der die Welt erschaffen hat und sie in seinen Händen hält, auch ordnend und heilend in den Lauf der Welt eingreifen kann. Was auch immer wirklich geschah - der Evangelist Matthäus macht diese Geschichte durchsichtig für das Ostergeschehen. Den Sieg Jesu über den Tod kann nur der Glaube wahrnehmen. Deswegen mussten auch erst all die totenklagenden Menschen hinausgetrieben werden. Denn nur der Glaube erfährt schon jetzt und hier das Offenbarwerden der Herrschaft Gottes. Nur der Glaube kann wahrnehmen, dass der Tod nicht das endgültige „Aus und Vorbei" ist, sondern nur „wie ein Schlaf", aus dem wir dann wieder auferweckt werden.

Vielleicht wurde das Mädchen vom Tod ins Leben zurückgeholt. Entscheidender ist auch hier: Der Glaube rettet, befreit von der Macht des Todes. Das lebensgründende und lebenstragende Vertrauen auf den Gott und Vater Jesu Christi hilft, auch mit dem Sterben und dem Tod leben zu können. Denn der Glaube vertraut darauf, dass wir leben werden, auch wenn wir sterben. Das ist das größere Wunder, der Glaube, den Jesus Thomas gegenüber seligpreist: Der Glaube, der nicht sieht.[87] Der Glaube, der das Wunder der Rettung erfährt: der Befreiung von der Todesangst, der Möglichkeit gerettet zu sein ohne körperliche Heilung, ohne eine Totenerweckung erfahren zu haben.

„Wunder geschehen…" - Ja, „Wunder gibt es immer wieder…" Und sie erinnern mich daran, dass „Heil" nicht nur etwas für meine Seele ist, sondern immer auch etwas mit „Heilung", mit meinem Körper zu tun hat, mich als ganzen Menschen betrifft. Und, ja - vielleicht wurde die Frau von ihrer chronischen Menstruationsblutung geheilt; vielleicht wurde die Tochter des Oberen vom Tod wieder ins Leben zurückgeholt! Warum nicht!?

Der Evangelist Matthäus erinnert mit seinen Formulierungen aber eben auch daran, dass Jesus kein Magier war, dass Wunder nicht zwangsläufig eintreten oder von mir im Namen Jesu magisch herbeigezwungen werden können – und dass Menschen trotzdem „gerettet" und „heil" sind. Sie sind frei zu einem erfüllten Leben auch angesichts des Todes und seiner zahlreichen Helfer. *„Sei getrost…, dein Glaube hat dich gerettet."*

Neues Leben[88]

Wir feiern heute Taufe – und gestern haben sich die Konfirmandinnen und Konfirmanden sehr intensiv mit den verschiedenen Deutungen dieses Sakraments beschäftigt. Eine davon besagt, nach Luthers Katechismus[89], dass in die Taufe der alte Mensch, der „alte Adam" hineingeht und aus ihr, mit Christus, ein neuer Mensch herauskommt. Das wär's doch: Einfach die Reset-Taste drücken, alles Alte ist gelöscht und man kann noch einmal neu starten, wie von vorne beginnen, wie neugeboren sein. Dass das nicht funktioniert, wissen wir alle, oder ahnen es wenigstens, wenn wir z.B. unsere vergeblichen Bemühungen mit den Neujahrsvorsätzen Revue passieren lassen. Doch bereits Neugeborene kommen ja nicht als tabula rasa, als leeres, unbeschriebenes Blatt auf die Welt, sondern sind bereits geprägt durch die Lebensumstände der Mutter, der Familie während der Schwangerschaft.

Da klingt die Rede vom *„neuen Menschen"*, vom *„Wiedergeboren werden durch das Wasserbad der Taufe"* (vgl. EG 806.4) schon etwas merkwürdig und befremdlich – und fast genauso befremdlich hört sich dann der Wochenspruch aus Psalm 103,2 mit seinem Kontext an:

1 Lobe den HERRN, meine Seele, und was in mir ist, seinen heiligen Namen!
2 Lobe den HERRN, meine Seele, und vergiss nicht, was er dir Gutes getan hat:
3 der dir alle deine Sünde vergibt und heilet alle deine Gebrechen,

4 der dein Leben vom Verderben erlöst, der dich krönet mit Gnade und Barmherzigkeit,

5 der deinen Mund fröhlich macht und du wieder jung wirst wie ein Adler.

(Psalm 103,1-5)

Es ist eine Selbstaufforderung, denn mit der Seele bin ich, ich selbst mit meinem Leben, gemeint: *„Lobe den Herrn, meine Seele, und vergiss nicht, was er dir Gutes getan hat."* Es ist ein befremdliches, ja fremdes Wort, das da an uns herantritt. Denn das Gute, um dessentwillen der Psalmdichter seine Stimme erhebt, ist ja nicht weniger als das, woran wir eigentlich nur scheitern können: Das Abtun und Beseitigen des alten und die Gabe eines neuen, neugewordenen Lebens.

Aber – und das ist auch bereits der erste Schritt zum Verstehen: Es ist eine GABE, etwas nicht von uns selbst zu bewirkendes, die wir wahrhaft nur als Geschenk empfangen können. Und, ja, im Grunde haben wir mit unserer eigenen Taufe diese Gabe, dieses Geschenk schon bekommen. Und insofern soll uns die heutige Taufe und das, was sie bewirkt und gibt - neues Leben aus und in Christus Jesus - an unsere eigene Taufe und an das Geschenk, das uns, mir Gott dort gemacht hat, erinnern.

„Lobe den Herrn, meine Seele, und vergiss nicht, was er dir Gutes getan hat; der deinen Mund fröhlich macht und du wieder jung wirst wie ein Adler."
Das neue Leben, das Gott uns in der Taufe schenkt, verdient diesen Namen in Wahrheit: Jesus Christus hat mit seinem Tod das, was den Tod so schrecklich macht, die Angst vor dem Vergehen, vor dem Nichts, der Sinnlosigkeit meiner Selbstverwirklichungsversuche, getötet und in seiner Auferstehung den Anfang einer neuen Schöpfung,

eines Lebens, das sich im Dienst am anderen selbst findet, ans Licht gebracht.

Es sind drei grundlegende, lebens-notwendige Dinge, die der Psalmdichter nennt, die die Gabe neuen Lebens qualifizieren und symbolisch in der Taufe wirklich werden:

1. Wasser hat reinigende und oft auch heilende Kraft. Wie wohltuend ist es, am Ende des Tages den Schweiß und Schmutz unter einer erfrischenden Dusche los zu werden, oder in heilenden Bädern die Gebrechen der Jahre mindestens gelindert zu bekommen. Auch das Wasser der Taufe hat solch reinigende und heilende Wirkung: unsere Verfehlungen und Sünden werden abgewaschen, die Gebrechen unserer Seele geheilt.

Und wichtiger als die Frage, ob das auch schon bei einem kleinen Kind der Fall oder nötig ist, ist für mich die Tatsache, <u>dass</u> es geschehen ist, und dass ich, weil die Taufe ein unverrückbares Fundament legt, später immer wieder dahin zurückkehren kann – in der Buße. Ich darf wissen und darf mich darauf berufen: Ich bin getauft, ich bin in Christus und in Christus ist mir meine Schuld, wenn ich sie bekenne, vergeben. *„Lobe den Herrn, der dir alle deine Sünde vergibt und heilet alle deine Gebrechen."* Das ist das eine.

2. Das andere ist: *„Lobe den Herrn, der dein Leben vom Verderben erlöst"*; oder, treffender, in der Übertragung von Martin Buber: *„der dein Leben aus der Grube erkauft"*[90].

Wasser hat, wie Janus, auch dieses andere Gesicht, das der Zerstörung, des Todes: Harvey bzw. Irma[91] sollen als Stichworte genügen. Das Wasser der Taufe symbolisiert die Hineinnahme des Täuflings in Christi Tod und Auferstehung. So wie Christus nur durch den Tod hindurch *„das Leben und ein unvergängliches Wesen ans Licht gebracht* *hat"* (2. Tim. 1,10), so können auch wir neues Leben nur bekommen, wenn das alte stirbt. Aus der Grube hat uns Christus herausgeholt, erlöst. Paulus sagt einmal: *„Durch die Taufe sind wir also mit Christus gestorben und begraben. Und wie Christus durch die Herrlichkeit und Macht seines Vaters von den Toten auferweckt wurde, so haben auch wir ein neues Leben empfangen und sollen nun so handeln, wie es diesem neuen Leben entspricht."* (Römer 6,4 HfA[92])

3. Und damit sind wir beim dritten: *„Lobe den Herrn, der dich krönt mit Gnade und Barmherzigkeit."* Gottes guter Geist, der in der Taufe und mit ihrem Segen zugesprochen wird, Gottes heiliger Geist ist das Unterpfand neuen Lebens, das die Taufe schenkt. Obwohl es in seiner ganzen Wahrheit und Herrlichkeit erst noch offenbar werden wird, will uns der Geist Gottes helfen, dankbar mit unserem Leben weiterzugeben, was wir in und mit der Taufe empfangen haben – und immer neu von Gott in Christus geschenkt bekommen: Gnade und Barmherzigkeit.

Die in Psalm 103 gebrauchten Begriffe: רחמים und חסד haben etwas mit mütterlicher (elterlicher) Zuwendung und Geborgenheit zu tun: ungeschuldet und unverdient ist sie da, einfach so, weil wir sie brauchen und ohne sie gar nicht leben würden und könnten.

Das ist die Quelle, das Licht, das unser Leben ermöglicht und erleuchtet – und so wie Licht nie nur für sich sein kann, sondern seinen Sinn darin findet, für andere zu leuchten, sollen auch wir Licht sein; Leben in der Liebe, die Gott ist.

Gott loben, das ist unser Amt[93]

Heute werdet ihr konfirmiert. Ihr bekräftigt euren Glauben. Ihr werdet durch den Zuspruch des Segens befestigt in der Gemeinschaft der Glaubenden, der Kirche Jesu. Rechte und Pflichten kommen auf euch zu, wir trauen sie euch zu.

Was aber bleibt von der Zeit des Konfirmandenunterrichts? Wird es mehr sein als das hoffentlich gute Gefühl, dass es sich im Großen und Ganzen gelohnt hat (nicht nur finanziell)? Wird es mehr sein als eine schöne Erinnerung an die größeren gemeinsamen Unternehmungen?

Was bleibt? „Niemand steigt zweimal in denselben Fluss"[94], wie schon der alte Heraklit wusste. Die Veränderung ist, so scheint es, das einzig Beständige. Ich hoffe, dass der Same des Glaubens, des Gottvertrauens, den ich bzw. wir gesät haben, bleibt und wächst. Das aber bedeutet: Euer Glauben muss sich wandeln, wenn er bleiben soll; so wie ihr euch gerade in diesen Jahren rasant verändert. Ihr seid nicht mehr die „Kinder", die vor eineinhalb Jahren angemeldet wurden. Doch erwachsen seid ihr auch noch lange nicht. Und trotzdem: Bleibt nicht doch irgendwas? Ja, aber das liegt außerhalb von euch, von uns allen: Gott und seine Treue bleibt. Seine Liebe und Fürsorge für seine Welt, für seine Schöpfung, und für die, die er sich erwählt hat, die nach seinem, nach Christi Namen genannt sind.

Wir leben davon, dass ER uns immer schon gefunden hat. Wir leben davon, dass Gott uns eine Ordnung geschaffen hat, einen Rahmen, in dem wir uns entfalten (und verändern) können, um in IHM zu bleiben. Das enthebt uns nicht unserer Verantwortung, das schenkt uns gerade die Freiheit, die wir brauchen, um IHM angemessen antworten zu können. Aber es rückt auch die Dimensionen zurecht, dämpft unsere Macht- und Allmachtfantasien.

„Natürlich" seid ihr die Größten, besonders heute, und seid doch nur ein Teil der Schöpfung Gottes, die dazu geschaffen ist IHN zu loben, IHM in Wort und Tat die Ehre zu geben. Wir, ihr seid immer schon bewahrt und getragen, und als Kinder Gottes, als Schwestern und Brüder Jesu je und je geliebt. Euer, unser vornehmster Auftrag ist, in das umfassende kosmische Gotteslob einzustimmen und dem Ausdruck und Stimme zu verleihen, wie es beispielsweise Psalm 148 macht, eine großartige Hymne, ein Schöpfungsoratorium:

1 Halleluja!
Lobt den HERRN vom Himmel her,
lobt ihn in den Höhen:
2 Lobt ihn, all seine Engel,
lobt ihn, all seine Heerscharen,
3 lobt ihn, Sonne und Mond,
lobt ihn, all ihr leuchtenden Sterne,
4 lobt ihn, ihr Himmel der Himmel, ihr Wasser über dem Himmel!
5 Loben sollen sie den Namen des HERRN;
denn er gebot und sie waren erschaffen.
6 Er stellte sie hin für immer und ewig,
ein Gesetz gab er - und nie vergeht es.

7 Lobt den HERRN von der Erde her:
ihr Ungeheuer des Meeres und alle Tiefen,
8 Feuer und Hagel, Schnee und Nebel,
du Sturmwind, der sein Wort vollzieht,
9 ihr Berge und all ihr Hügel,

ihr Fruchtbäume und alle Zedern,

10 ihr Tiere alle, wilde und zahme,

ihr Kriechtiere und ihr gefiederten Vögel,

11 ihr Könige der Erde und alle Völker,

ihr Fürsten und alle Richter der Erde,

12 ihr jungen Männer und auch ihr jungen Frauen,

ihr Alten mit den Jungen!

13 Loben sollen sie den Namen des HERRN,/

denn sein Name allein ist erhaben,

seine Hoheit strahlt über Erde und Himmel.

14 Er hat erhöht die Ehre seines Volks,

zum Lob für all seine Frommen,

für die Kinder Israels,

das Volk, das ihm nahe ist.

Halleluja!

Alle sollen Gott für seine Taten in der Schöpfung und in der Geschichte lobpreisen. Aber es lohnt sich, der Art, wie diese Botschaft ausgedrückt wird, nachzugehen, weil es eure eigene Kreativität herausfordert und weil es deutlich macht, dass Glaube und Naturwissenschaft Hand in Hand gehen können.

Das Erste ist die Komposition des Psalms: Zehnmal ruft der hebräische Text zum Lob Gottes, zum großen Halleluja auf.
„10", das steht für Vollkommenheit und für das Ganze:
- Mit zehn Worten ruft Gott nach 1. Mose 1 die ganze Welt ins Leben und gibt seiner Schöpfung eine gute Ordnung. Zehn mal hören wir: „*Und Gott sprach...*" So erschafft er die Grundordnung des Kosmos.

- Dazu gibt Gott zehn Gebote, die die Lebensordnung der Menschen festhalten, seine guten Weisungen für ein gelingendes Zusammenleben.

Gott spricht zehnfach, also umfassend und setzt damit die Welt und ihre Ordnung ins Werk. Und darauf antwortet der Psalm mit dem zehnfachen Ruf „*Lobt ihn*". Loben, das ist euer Amt. Loben, das ist unsere Aufgabe bis heute, Gott für all das Gute zu preisen, das er uns schenkt und für die Lebensordnung, in der wir existieren können.

Und dieser Aufruf zum Lob war auf dem wissenschaftlichen Stand seiner Zeit. Die einzelnen Bereiche der Schöpfung, der natürlichen und kulturellen Ordnung, finden sich in langen Listen wieder, die die alten Ägypter und Babylonier, die führenden Experten ihrer Zeit, aufgeschrieben haben. Sie wollten mit der Benennung der Dinge die ganze Welt erfassen und dem vielschichtigen Geheimnis der Schöpfung auf die Spur kommen. Denn, wie Albert Einstein gesagt haben soll: „Gott würfelt nicht." Gott hat den Dingen eine Ordnung gegeben. Und danach zu forschen ist auch unsere / eure Aufgabe und Würde. Heute würde man den Psalm vielleicht eher so schreiben, wie Ernesto Cardenal es in seinen „Lateinamerikanischen Psalmen"[95] versuchte.

Psalm 148 sagt: Lobpreisen sollen alle den Namen Gottes. Alle im Himmel und auf Erden. Das ist auch ein großer Unterschied zu dem eher dualistischen Weltbild, das uns die (gerade aktuellen) Blockbuster der diversen Superhelden-Universen vermitteln. Alles ist aus und in Gottes Hand, nicht nur die Engel, sondern auch die bedrohliche Urflut, die Mächte am Urgrund der Schöpfung. Gott hat sie mit der Feste des Himmels abgeschirmt und uns dadurch den Raum zum Atmen geschaffen hat. Diese Ordnung besteht für immer und ewig. Gottes weiter Raum soll Lebensraum sein.

Und auch auf Erden sollen alle Gott loben. Nicht nur die Tiere und Pflanzen, was wir Natur nennen, sondern eben auch die Chaosmacht des Leviathan, die unserer Gestaltungsmacht entzogenen Wetter- und Klima- und geologischen Phänomene. Und, ja, auch die Menschen, Herrschende und Beherrschte, Frauen und Männer, alte und junge gemeinsam – ALLE sollen Gott loben und IHM die Ehre geben, die allein IHM gebührt.

Aber egal, welche Worte wir wählen, die Aussage bleibt: Wir verdanken uns einem großen, hoch erhabenen, ewigen Gott, der Liebe ist und der in seiner Liebe das Leben erschaffen hat, erhält und trägt. Auch auf Durststrecken ist er da. Auch bei den Toten ist Gott und ruft sie neu ins Leben. Diese Gebete, diese Lieder vergewissern uns immer wieder, wo wir im Glauben stehen. Wir können darin Halt finden, wenn wir gerade ganz andere Erfahrungen machen, wenn alles um uns ins Wanken geraten ist. Dann spreche ich gern Psalmen nach, bete mit den Worten der Vorfahren, um wieder in die Spur zu kommen, besonders an Krankenbetten oder in der Begleitung Sterbender. Das ist ein großer Segen, wenn ich auf bewährte Worte zurückgreifen kann - und es hilft!

„He's got the whole world in his hand."[96] So haben es einst schwarze Sklaven gesungen und damit Gott gelobt und haben sich damit ihre Würde bewahrt, die von den Weißen mit Füßen getreten wurde. Auch daran sehen wir, welche Kraft des Widerstands und der Veränderung der Lobpreis Gottes entwickeln kann. Gott loben mit Worten und Taten, das ist unsere Würde, unser Auftrag und unser Amt in der Gemeinde der Getreuen, die ihm nah sind.

Was bleibt? Gott und seine Treue, sein Segen, euch zugesprochen. An euch liegt es, darauf zu antworten, heute und in den Tagen, die kommen, mit euren Gaben, mit eurem Wissen, im Lobpreis Gottes.

Der Herr hat seinen Engeln befohlen[97]

„Der Herr hat seinen Engeln befohlen, dass sie dich behüten auf allen deinen Wegen." (Psalm 91,11)[98] Das kennen wir, das wird geliebt und Kindern als Taufspruch mitgegeben. Das ist gut und, besonders mit der Fortsetzung: *„dass sie dich auf den Händen tragen und du deinen Fuß nicht an einen Stein stoßest"* (Vers 12), eine Verheißung, die man gerne einem geliebten Menschen zusagt. Dabei sind diese Verse nur die bekanntesten des Psalms, aber nicht die einzigen mit einer derart starken Schutz- und Bewahrungszusage – und der Höhepunkt kommt in den letzten Versen, in denen Gott selbst dem, der IHM vertraut und IHN liebt, seine Hilfe und seinen umfangreichen Beistand verspricht: *„Er liebt mich, darum will ich ihn erretten; er kennt meinen Namen, darum will ich ihn schützen. Er ruft mich an, darum will ich ihn erhören; / ich bin bei ihm in der Not, ich will ihn herausreißen und zu Ehren bringen. Ich will ihn sättigen mit langem Leben und will ihm zeigen mein Heil."* (Psalm 91,14-16)

„Der Herr hat seinen Engeln befohlen, dass sie dich behüten auf allen deinen Wegen; dass sie dich auf den Händen tragen und du deinen Fuß nicht an einen Stein stoßest."

Ja – aber: Ist das wirklich so? Widerspricht das nicht unserer Erfahrung? Ist das nicht lebensfremd? Wird da nicht ein Bild von Gott vermittelt, das man sich vielleicht gerne wünscht, das aber – weil es unrealistisch ist - eher dem Teufel bzw. den Gottesleugnern und Gottesverächtern in die Hände spielt? Wird da nicht eine Erwartung an das Gebet geschürt, die eher der Erwartung an einen Automaten entspricht, ich bete und Gott gibt bzw. erfüllt?

Als Jesus nach seiner Taufe in der Wüste vom Satan versucht wurde, hat der genau diese berühmten und beliebten Verse zitiert um Jesus dazu zu bringen sich von der höchsten Zinne des Tempels zu stürzen: *„Bist du Gottes Sohn, so wirf dich hinab; denn es steht geschrieben...“* (Matthäus 4,5b) Und Jesus argumentiert dann mit der Schrift gegen die Schrift: *„Wiederum steht auch geschrieben: Du sollst den Herrn, deinen Gott, nicht versuchen.“* (Dtn 6,16)

Was denn nun? Das Beispiel weist auf die Problematik von Zitaten, die aus dem Kontext gerissen werden, hin. Das habe ich bei einem Studienaufenthalt in Jerusalem[99] (neu) gelernt, dass bei einem Zitat (gerade auch im Neuen Testament) immer der Kontext des genannten Verses mitgelesen werden muss, dann hätte Satan so nicht argumentieren können.

In Psalm 91 reden drei Ichs von dem, was Gottvertrauen und Gottesliebe bedeuten. Drei Sichtweisen werden angeboten, die zwar nah beieinander stehen und aufeinander bezogen sind, aber – und das ist wichtig – durch die eingenommene Perspektive sich unterscheiden.

Zunächst bekennt jemand, was das Gottvertrauen für ihn selbst bedeutet, was er mit Gott JHWH erlebt bzw. für sich erfahren hat. Wörtlich übersetzt lauten die ersten beiden Verse: *„Als einer, der sitzt im Schutz des Höchsten, der nächtigt im Schatten des Allmächtigen, spreche ich zum HERRN: Meine Zuflucht, meine Burg [bist du], mein Gott, auf den ich traue.“*[100]

Was auch immer der Sprecher / die Sprecherin erlebt hat, im Bereich des Tempels ist er / sie sicher, hier ist Schutz und Zuflucht vor Feinden. Und als persönliche Aussage, als erfahrungsgesättigtes Bekenntnis ist das auch in Ordnung: Ich habe Gott so für mich erfahren, ich biete dir diese Erfahrung an – und bin zuversichtlich, dass auch du, wenn du IHM vertraust, dich ganz und gar auf IHN einlässt, Gott auf diese Weise als den treuen und behütenden Gott erleben kannst.

Doch dann wechselt die Sichtweise, ein Priester, ein Lehrer/Rabbi predigt einem Du. Umfangreiche Verheißungen werden laut, die ihre Kraft und Wirkung gerade auch aus dem Wechsel von Bildern der Gefahr bzw. Gefährdung mit solchen des Schutzes und der Bewahrung, beziehen.

Da sind auf der einen Seite Bilder:
- von der Jagd,
- der Bedrohung durch tödliche Krankheiten,
- dämonischer Wesen der Nacht,
- vom drohenden Tod in der Schlacht
- und wilder Tiere, realer und Wesen der Fantasie.

Kräfte, die sich menschlichem Einfluss entziehen, die, einmal entfesselt, nicht mehr gezähmt werden können.

Auf der anderen Seite sind Bilder:
- von Eltern, die wie Vögel mit ihren Flügeln ihre Kinder beschirmen,
- von Schild und Schutzwall, die die tödlichen Geschosse abhalten,
- eines allein Überlebenden einer blutigen Schlacht,
- von den guten Boten, den Engeln Gottes, die über Steine / Felsen hinwegtragen,
- da ist zuletzt die Gabe, wie einer der (Gott-)Könige Ägyptens oder Assyriens über die Feinde des Lebens hinwegschreiten, sie niedertreten zu können.

Das sind starke Bilder, die ihre Wirkung nicht verfehlen: Ja, so möchten wir es, so soll es sein – auch wenn bzw. gerade weil es teilweise märchenhaft, fast kitschig klingt. Nur ist das Problem, dass, was für mich gilt, was ich mit Gott erfahren habe, nicht unbedingt auch die Erfahrung meines Nachbarn oder Gegenübers sein oder werden muss.

Das Leben ist so nicht und einfache Antworten sind nicht unbedingt auch die richtigen und hilfreichen. Was aber dann?

Eine dritte Perspektive wird eingespielt. Gott selbst ergreift das Wort und wenn wir genau hinhören bzw. lesen, dann verschiebt sich die Sicht unmerklich: *„Er liebt mich, darum will ich ihn erretten; er kennt meinen Namen, darum will ich ihn schützen. Er ruft mich an, darum will ich ihn erhören; / ich bin bei ihm in der Not, ich will ihn herausreißen und zu Ehren bringen. Ich will ihn sättigen mit langem Leben und will ihm zeigen mein Heil.“*

Ja, Hilfe, Rettung, Schutz, Heil gibt es für den, der sich wahrhaft an Gott orientiert, der ihm vertraut. Die so leicht missverständlichen, weil allgemeingültig verstehbaren Worte werden wieder „geerdet", zurückgebunden an ihre conditio sine qua non, an ihre unbedingte Voraussetzung: den Glaube an Gott, die Gottesliebe bzw. Gottesfurcht!

Und: Ja, Gott hört und erhört Gebete – aber er ist darin kein Automat, ER ist frei in seinem Tun und Lassen. *„Ich bin bei ihm in der Not"*, sagt Gott – aber eben: *„in der Not"*. Hiob ist die alttestamentliche Gestalt, die das illustriert. Trotz seiner Gebete und Opfer, trotz seines untadeligen und gottgefälligen Lebens wird er in schwere, ja schwerste Leiden geführt. Durch seine Leiden hindurch wird er am Ende erlöst, erfährt er seine Rehabilitierung, schaut er Gott und sein Heil.[101]

Noch einen Schritt weiter führt der Weg Jesu. Bis hinein in den Tod muss er gehen, in die letzte, äußerste Bedrohung – um zu erfahren, dass Leben auch dort nicht zu Ende, ausgelöscht ist.

Getragen von Gottes Liebe, im Glauben mit der Hoffnung auf Gottes ewiges, bleibendes Heil, können wir uns, ob wir leben oder sterben, in Gottes bergende Hand begeben.

Siehe, ich stehe vor der Tür und klopfe an[102]

Sehr plastisch und fast lebensgroß tritt uns auf dem Fenster[103] Jesus entgegen. Es ist der erhöhte Gekreuzigte, worauf der Kreuznimbus hinweist, dann die im Durchlicht sehr hell, fast weiß leuchtenden Hautpartien an Kopf, Händen und Füßen, und wie vor allem die durchbohrten Hände und Füße deutlich machen.

Jesus steht vor einer Tür, die rechte Hand erhoben, um anzuklopfen. Oder greift er schon nach dem Türgriff, um die Tür zu öffnen und einzutreten? Sein Haupt ist leicht nach rechts geneigt, als lausche er nach einer von innen ertönenden Bitte hineinzukommen. Mit der linken Hand hat er bereits sein Gewand gerafft, als wolle er mit dem bereits angehobenen Fuß gleich die Schwelle der Tür überschreiten.

„Siehe, ich stehe vor der Tür und klopfe an. Wenn jemand meine Stimme hören wird und die Tür auftun, zu dem werde ich hineingehen und das Mahl mit ihm halten und er mit mir." (Offenbarung 3,20)

Klopft er noch – oder tritt er doch schon ein? Eine Spannung, die durch die Perspektive noch verstärkt wird. Denn Jesus tritt ja nicht in mein Haus ein. Ich schaue doch eher wie ein Beobachter durch ein prächtiges Portal auf die Szene. Oder ist es eher die säulengeschmückte Laibung des Fensters eines reichen, vornehmen Hauses, gar dieses Hauses, der Kirche, durch das ich beobachte, was nebenan geschieht? Wie das halt so ist auf dem Dorf: man will ja wissen, was da draußen los ist, wer den Nachbarn besucht.

Aber warum klopft Jesus beim Nachbarn? Was ist da los? Hat der's nötig? Und warum nicht ich? Bin ich ihm nicht gut genug? Hier ist doch – Haus Gottes! Und dort...

Aber vielleicht ist es ja doch ganz anders! Jesus sagt: *„Ich bin gekommen, die Sünder zu rufen und nicht die Gerechten."* (Matthäus 9,13) bzw.: *„Die Gesunden bedürfen des Arztes nicht, sondern die Kranken."* (Lukas 5,31)

Schon zu Jesu Zeiten waren die, die meinten Bescheid zu wissen, sehr irritiert über die Wege Gottes in der und durch die Welt. Und manch Frommer und manche Gemeinde fühlte sich sicherlich vor den Kopf gestoßen, wenn er bzw. sie zu hören bekam: *„Du bist weder warm noch kalt, sondern zum Ausspeien lau"* (Offenbarung 3,15+16); oder: *„Du behauptest reich zu sein und alles zu haben, merkst aber nicht, wie arm du bist!"* (Offenbarung 3,17+18)

Deshalb gilt immer noch und immer wieder: „Gott rufet noch. Sollt ich nicht endlich hören?" (Gerhard Tersteegen, EG 392,1) bzw.: *„Siehe, ich stehe vor der Tür und klopfe an."* (Offenbarung 3,20a); bzw.: *„Bereitet dem HERRN den Weg..."* (Jesaja 40,3), in euch und um euch. Macht euch bereit, kommt zur Ruhe, zur Besinnung, um das „Anklopfen" Jesu hören zu können. Vielleicht – um auf das Bild zurückzukommen – vielleicht hat er ja bereits bei mir geklopft und kein Gehör gefunden – und steht deshalb jetzt vor des Nachbarn Tür?!

Vielleicht will ER auch sagen: „Auf, komm aus deinem Haus, geh auf meinen Wegen, in meinen Fußspuren. Denn andere Hände und Füße und Augen und Zungen als deine habe ich heute nicht. Öffne dich für meinen Geist, lass dich bekleiden mit Liebe und Hoffnung – und sei mein Mund, meine Hand: Da draußen bei denen auf dem Weihnachtsmarkt und bei allen, die nicht kommen, weil sie nicht wollen oder können, warum auch immer." Also: Auf, *„bereitet dem HERRN den Weg"*, damit ER, wenn ER vor der Tür steht und anklopft, Gehör findet und eintreten kann.

Fürchte dich nicht![104]

9 Ich, Johannes, euer Bruder und Mitgenosse an der Bedrängnis und am Reich und an der Geduld in Jesus, war auf der Insel, die Patmos heißt, um des Wortes Gottes und des Zeugnisses Jesu willen.

10 Ich wurde vom Geist ergriffen am Tag des Herrn und hörte hinter mir eine große Stimme wie von einer Posaune,

11 die sprach: Was du siehst, das schreibe in ein Buch und sende es an die sieben Gemeinden: nach Ephesus und nach Smyrna und nach Pergamon und nach Thyatira und nach Sardes und nach Philadelphia und nach Laodizea.

12 Und ich wandte mich um, zu sehen nach der Stimme, die mit mir redete. Und als ich mich umwandte, sah ich sieben goldene Leuchter

13 und mitten unter den Leuchtern einen, der war einem Menschensohn gleich, der war angetan mit einem langen Gewand und gegürtet um die Brust mit einem goldenen Gürtel.

14 Sein Haupt aber und sein Haar war weiß wie weiße Wolle, wie Schnee, und seine Augen wie eine Feuerflamme

15 und seine Füße gleich Golderz, wie im Ofen durch Feuer gehärtet, und seine Stimme wie großes Wasserrauschen;

16 und er hatte sieben Sterne in seiner rechten Hand, und aus seinem Munde ging ein scharfes, zweischneidiges Schwert, und sein Angesicht leuchtete, wie die Sonne scheint in ihrer Macht.

17 Und als ich ihn sah, fiel ich zu seinen Füßen wie tot; und er legte seine rechte Hand auf mich und sprach: Fürchte dich nicht! Ich bin der Erste und der Letzte

18 und der Lebendige. Ich war tot, und siehe, ich bin lebendig von Ewigkeit zu Ewigkeit und habe die Schlüssel des Todes und der Hölle.

(Offenbarung 1,9-18)

Ich kann verstehen, wenn Menschen äußern, dieses biblische Buch der Offenbarung des Johannes sei und bleibe ihnen fremd. Zu fantastisch muten die Szenarien an, zu gewalttätig im weiteren Fortgang auch die Schilderungen. Andererseits: Wenn man nur ein wenig mit dem „Superhelden-Universum" von Marvel vertraut ist, ist manches dann doch nicht so fremd.

Und dieses sperrige letzte Buch der Bibel beiseite legen oder ignorieren zu wollen bedeutet, sich einer immer wieder hochaktuellen Perspektive auf das Weltgeschehen und das Ergehen der Kirche und der Christen in der Welt zu entziehen. Was will der Seher Johannes mitteilen? Denn bei allem Geheimnisvollen, das diesen Visionen und Bildern innewohnt, will Johannes verstanden werden!

Als Erstes unterstreicht Johannes: Ich bin einer von euch und mir ergeht es wie euch! Wie die Adressaten seines Rundschreibens befindet sich auch Johannes in einer bedrückend schwierigen Situation. Denn um des Glaubens an den Messias Jesus willen kann und will er nicht alles mitmachen, was man so macht; kann und will er nicht lassen von Dingen, die für seinen Glauben und für die Gemeinschaft der Jesus-Gläubigen wichtig sind.

Besonders der Kaiserkult, die gottgleiche Verehrung des römischen Caesars, dessen kleinasiatisches Zentrum Ephesos, woher Johannes wahrscheinlich stammte, nicht weit von Patmos, seinem Verbannungsort, entfernt lag - besonders der Kaiserkult forderte den Glauben der Christen heraus. Ihre Verweigerung der Teilnahme am Räucheropfer, ihre wegen der Verdächtigungen und Verfolgungen oft heimlichen Versammlungen mit merkwürdigen Ritualen, ihre Fürsorge für Ausgegrenzte, Sklaven und andere Außenseiter, all das machte sie verdächtig. Und zur Abschreckung hatten die Behörden von

Ephesos wohl die bedeutendste Gestalt der Gemeinde ergriffen, eingekerkert, gefoltert und zuletzt verbannt.

Diese für uns seltsamen Visionen und Auditionen sind immer aus einer und in eine konkrete Situation hinein gesprochen, haben Bezug zum Leben und Leiden der Menschen bzw. der Christen vor allem, sie sollen helfen, trösten, Mut zusprechen und Hoffnung geben.

Es ist Sonntag, der Tag des Herrn, und Johannes wird vom Geist, um den wir immer wieder bitten: „Komm, Heilger Geist…" (EG+ 34 z.B.), ergriffen. Zunächst hört er, dann sieht er. Leibhaftig erlebt er, was wir glauben: der Himmel kommt zur die Erde; Himmel und Erde werden eins, der Vorhang zwischen ihnen ist beiseite gezogen.

Johannes sieht inmitten von sieben Leuchtern einen, der einem Menschensohn gleicht, eine hoheitsvolle, himmlisch glänzende Gestalt, mit sieben Sternen in der Hand und einem scharfen Schwert, das aus seinem Mund hervorgeht.

Die Leuchter stehen für die sieben Gemeinden in Kleinasien, an die sich Johannes konkret richtet. Aber diese sieben Gemeinden repräsentieren die ganze Kirche. Der Christus Jesus, den Johannes schaut, ist in seiner ganzen Kirche in Wort und Sakrament, überall, wo Menschen sich in Jesu Namen versammeln und Gottesdienst feiern, gegenwärtig. So erlebt sich Johannes in der Verbannung dennoch hineingenommen in den Gottesdienst, den seine Gemeinden, den die Kirche feiert. Ja, wir hier in Espenau sind mit unserem Gottesdienst Teil einer weltweiten, ökumenischen Versammlung, die alle Grenzen von Sprache und Herkunft übersteigt. Wir singen davon, aber machen wir uns klar, was das bedeutet, wenn wir singen?: „3. *Denn unermüdlich, wie der Schimmer / des Morgens um die Erde geht, / ist immer ein Gebet und immer / ein Loblied wach, das vor dir steht.*

4. Die Sonne, die uns sinkt, bringt drüben / den Menschen überm Meer das Licht: / und immer wird ein Mund sich üben, / der Dank für deine Taten spricht." (EG 266,3-4)

Und wie sich wenig später im 4. und 5. Kapitel der Offenbarung zeigt, ist im Gottesdienst der Gemeinde die Grenze zwischen Erde und Himmel aufgehoben. Jeder Gottesdienst hier hat Teil an der großen himmlischen Liturgie vor dem Thron Gottes, die die Engel und alle himmlischen Wesen mit der Versammlung der bereits vollendeten Gerechten feiert. Cherubim und Seraphim, unsere Mütter und Väter im Glauben, sie alle sind in unseren Gottesdiensten anwesend, beispielsweise in den Glaubenszeugnissen, die wir singend und betend in den Mund nehmen.

Der, den Johannes sieht, ist nicht nur Herr der Kirche, sondern zuerst und vor allem der Herr der Welt und der Geschichte. Nicht der sich selbst vergottende Kaiser in Rom, nicht die quasi-göttlichen Mächte, die scheinbar über den Lauf der Gestirne menschliches Geschick lenken, nicht die menschliches Leben beschließende Macht des Todes – keiner hat die Macht, die ihm zugeschrieben wird. Der Seher schaut einen, der einem Menschensohn gleicht; der nach dem Propheten Daniel am Ende der Tage zum Gericht über die Erde und ihre Bewohner kommen wird.[105]

Und dieser Menschensohn trägt die Insignien des wahren Herrn der Welt:

- Ein langes Gewand als oberster Priester, der vor Gott für seine Menschen fürbittend eintritt;
- Goldener Gürtel und Goldschuhe als Symbole des Triumphs über die Feinde.

- In der rechten Hand hält er das Siebengestirn, die Plejaden, die seit Urzeiten schon das Frühjahr und den Herbst markieren, Saat und Ernte, Anfang und Ende.
- Und das scharfe, zweischneidige Schwert weist hin auf sein gerechtes Richten, weil vor ihm, der leuchtet wie die Sonne, nichts verborgen bleiben kann.

Johannes, der vor keinem Kaiserbild die Knie gebeugt hatte, geht vor diesem Anblick zu Boden, ist wie tot. *„Weh mir, ich vergehe"*, hatte einst Jesaja[106] angesichts der Herrlichkeit und Heiligkeit Gottes ausgerufen, die ihm seine und seines Volkes Schuld grell vor Augen führte. Und so bricht auch Johannes in der Begegnung mit dem Christus Jesus der eigene Lebensentwurf weg. Alles, was bei Menschen noch irgendwie zählen und von Bedeutung sein könnte, gilt nichts mehr, ist wie tot. Und ich meine, keiner von uns kommt irgendwann und irgendwie um diese Erfahrung herum, wenn wir denn wahrhaft mit dem Herzen verstehen, was einst in unserer Taufe mit uns geschah: *„Sind wir mit Christus gestorben, so werden wir mit ihm leben"* (Römer 6,8) – anders geht es nicht.

Hier, in dieser äußersten Tiefe, erfährt der Seher, wie ihm die Furcht genommen und das Leben wiedergegeben wird. Er fühlt eine Hand, die ihn aus seiner Erstarrung löst. Der Herr der Welt, dem von Gott die Macht über alles und alle in die Hand gelegt ist - *„Mir ist gegeben alle Gewalt im Himmel und auf Erden"*, formuliert Matthäus[107] - wendet sich in fürsorglicher Liebe dem Menschen zu; die Hand, die das Siebengestirn hält, segnet: *„Fürchte dich nicht! Ich bin der Erste und der Letzte und der Lebendige. Ich war tot, und siehe, ich bin lebendig von Ewigkeit zu Ewigkeit und habe die Schlüssel des Todes und der Hölle"*. Das ist das Fundament, die Basis für die Aufforderung sich nicht zu fürchten.

Der Christus Jesus hat für uns und an unserer Stelle den Weg in den Tod der Sünde und der Gottverlassenheit auf sich genommen. Gott, der Vater und Schöpfer, hat sich durch die Auferweckung zum Weg des Messias Jesus bekannt. Was auch immer uns auf dem Weg der Nachfolge Jesu widerfährt, durch welche Todesschattentäler[108] auch immer unser Weg führt, die Zusage steht: Wir sind im Glauben in Gottes Hand geborgen.

Denn Schmerz und Leid, Tod und Trauer – all das wird durch die hoheitliche und machtvolle Erscheinung des Christus Jesus nicht einfach überblendet oder ausgeblendet. Die folgenden Kapitel der Offenbarung sind voll mit Schilderungen des über die Kirche und die einzelnen Christen kommenden Leides. Wir sind als Nachfolgerinnen und Nachfolger Jesu nicht größer und besser als ER. Aber das Ja Gottes zum Weg Jesu steht, und wie mit der Auferweckung Jesu die neue Schöpfung angebrochen ist, so können auch wir immer wieder an der Herrlichkeit des Reiches Gottes teilhaben.

„Immer wieder sonntags kommt die Erinnerung"[109], war nicht nur ein Hit in meiner Jugend – immer wieder sonntags erinnern wir uns an den auferstandenen Gekreuzigten, erinnern wir uns an das Heil, das uns in Jesus geschenkt ist, an den, der die Schlüssel des Todes und der Hölle hat und der wie das erste so auch das letzte Wort in unserem Leben spricht, das: *„Fürchte dich nicht!" – „Denn siehe, ich bin bei euch alle Tage bis an der Welt Ende." (Offenbarung 1,17 + Matthäus 28,20)*

Espenauer Predigten
März bis Oktober 2020 (Corona[110])

Draußen vor dem Tor[111]

Für viele fühlt sich das, was wir gerade in unserem Land und weltweit erleben, an, als ob ihnen der Boden unter den Füßen weggezogen wird.
Wir sind auf einmal herausgerissen aus unseren bisherigen Lebenszusammenhängen, Beziehungsnetze sind gerissen – wir sind eingesperrt, empfinden die Situation als Ausschluss vom Leben.

Wo ist Gott in diesen Zeiten der Isolation und Quarantäne?

In einem Abschnitt aus dem 13. Kapitel des Briefs an die Hebräer heißt es:

12 Darum hat auch Jesus, damit er das Volk heilige durch sein eigenes Blut, gelitten draußen vor dem Tor.
13 So lasst uns nun zu ihm hinausgehen vor das Lager und seine Schmach tragen.
14 Denn wir haben hier keine bleibende Stadt, sondern die zukünftige suchen wir.

(Hebräer 13,12-14)

Hier wird die aktuelle Situation der Christinnen und Christen mit dem Leidensweg Jesu zusammengeschaut um ihnen Mut zum Bleiben im Glauben an Jesus zu machen.
Die Christinnen und Christen erlebten, dass ihre bisherigen sozialen Bezüge wegbrachen, weil sie an ihrem Glauben an Jesus als Messias, als Heiland der Welt, festhielten.
Auf einmal waren sie „draußen", weil sie ihr Leben auf jemanden bauten, der so gar nicht zur Realität passte.

Diese Erfahrung des Draußen-seins hat auch der machen müssen, dem ihr im Leben und Sterben vertraut:

Denn Jesus starb allein, wurde draußen, vor den Toren Jerusalems, gekreuzigt.

Hinausgeworfen aus der Gemeinschaft, raus aus dem Bereich des Heiligen, kein Netz und kein doppelter Boden.

Sinnlos!

Sinnlos? Wirklich?

Auch wenn es hier und da zunehmend Mühe bereitet, sinnlos ist die soziale Separierung, zu der wir gerade angehalten sind, nicht.

Sinnlos – das heißt: Hoffnungslos, ohne Perspektive, ohne Zukunft.

„Wir hielten ihn, den Gottesknecht Jesus, *für den, der von Gott geschlagen und von der Welt verlassen ist. Aber er trug unsere Krankheit, um unserer Sünde willen ist er zerschlagen. Damit wir Frieden haben, trägt er unsere Last. Denn wir gingen in die Irre, jeder sah nur noch auf seins, aber durch seine Schmerzen und Wunden erfahren wir Heilung"* (Jesaja 53,4+5).

Vielleicht können wir das, was wir gerade durchleben und durchleiden als Chance begreifen um ganz neu wahrzunehmen: Die Welt ist nicht gottlos, wir werden Gott nicht los.

Dort, wo wir gerade sind, ist er schon immer gewesen – und wartet.

Wer sich aus den gewohnten Sicherheiten hinausbegibt, der betritt den Weg zum Leben.

Wer an Jesus, den Heiland Gottes glaubt, wer sich hinausbegibt, nach draußen, vor das Tor, dem kommt Gott nahe.

Nicht die Kirche, das Gebäude, in dem wir uns immer wieder versammeln, ist es, das uns Gott nahe bringt, sondern umgekehrt:

Gott macht einen Ort, wo auch immer der sei und wie auch immer der aussieht, zu seinem Ort.

Überall dort, wo Menschen im Namen Jesu zusammen kommen, auch im weltweiten Netz, will ER gegenwärtig sein.

Wir sind „draußen", aber wir sind nicht allein.

Die schon immer virtuelle und doch so reale Kraft des Geistes Gottes verbindet uns.

Denn der wahre Ort um Gott zu begegnen, um Vergebung und Versöhnung zu erfahren und Gemeinschaft zu erleben, ist Jesus, unser Heiland.

Und im gemeinsamen Gebet sind wir mit Jesus an der Seite all derer, die auch ganz real „draußen" sind, denen der Boden unter den Füßen weggezogen wurde: Menschen, isoliert von der Familie, in Quarantäne; Menschen ohne Arbeit, ohne Einkommen.

Verrückte Zeiten[112]

Wir leben in verrückten Zeiten.

Regeln, die gestern noch galten, werden heute sanktioniert.

Verhaltensweisen, die heute geboten sind, waren gestern noch ein Grund, jemanden als Sonderling abzustempeln.

Und Maßnahmen, die vor einem Vierteljahr noch einen Aufschrei der Empörung - mindestens - zur Folge gehabt hätten, werden ohne größeres Murren hingenommen.

Wir leben in verrückten Zeiten!

Was macht das mit mir?

Mit meinem Leben?

Mit meinem Glauben?

Werde ich auch verrückt?

Verrücken sich gerade die Maßstäbe dessen, was ich (noch) glauben kann und will?

Oder kann ich gerade feststellen, dass meine bisher eher scheel angesehene schräge Art zu leben, zu glauben, zu lieben, normal wird?!

Entdecke ich tief in mir den bis jetzt so erfolgreich unterdrückten anarchischen Zug wieder?

Diese völlig verrückte Idee, die jetzt an der Zeit ist!?!

Der für Palmsonntag vorgeschlagene Bibeltext erzählt von so etwas:

3 Und als Jesus in Betanien war im Hause Simons des Aussätzigen und saß zu Tisch, da kam eine Frau, die hatte ein Glas mit unverfälschtem und kostbarem Nardenöl, und sie zerbrach das Glas und goss es auf sein Haupt.

4 Da wurden einige unwillig und sprachen untereinander: Was soll diese Vergeudung des Salböls?

5 Man hätte dieses Öl für mehr als dreihundert Silbergroschen verkaufen können und das Geld den Armen geben. Und sie fuhren sie an.

6 Jesus aber sprach: Lasst sie in Frieden! Was betrübt ihr sie? Sie hat ein gutes Werk an mir getan.

7 Denn ihr habt allezeit Arme bei euch, und wenn ihr wollt, könnt ihr ihnen Gutes tun; mich aber habt ihr nicht allezeit.

8 Sie hat getan, was sie konnte; sie hat meinen Leib im Voraus gesalbt für mein Begräbnis.

9 Wahrlich, ich sage euch: Wo das Evangelium gepredigt wird in aller Welt, da wird man auch das sagen zu ihrem Gedächtnis, was sie jetzt getan hat.

(Markus 14,3-9)

Verrückt!

Mindestens der Jahreslohn eines Tagelöhners wird auf den Kopf von Jesus gekippt.

Was für eine Verschwendung!

Die Empörung über diese Aktion ist nur zu verständlich.

Zumal Jesus im Haus eines „Aussätzigen", wie es heißt, zu Gast war, eines Menschen also, der als unheilbar Kranker auf Unterstützung reicher Leute, wie dieser Frau, angewiesen war.

Einmal kam ein junger, reicher Mann zu Jesus. *„Was muss ich tun, um das Reich Gottes zu erlangen"*, fragte er. Jesus antwortete: *„Verkaufe alles, was du hast, und gib es den Armen!"* (Markus 10,17+21)

Verrückt!

Aber das kann seine Zeit haben.

Denn, betont Jesus ausdrücklich, Arme habt ihr immer bei euch.

Ihr braucht nur mit offenen Augen durchs Dorf, durch die nächste größere Stadt zu gehen, dann seht ihr genug Not, die zu lindern oder zu beseitigen ihr euch zur Aufgabe machen könnt.

Jetzt aber, völlig verrückt, ist es dran, Jesu Leib für sein Begräbnis zu salben.

Das ist - nicht zum ersten Mal - ein Hinweis: das bevorstehende Fest wird anders verlaufen, als alle erwarten; wie die vor uns liegende Karwoche und vor allem das Osterfest in diesem Jahr so ganz anders sein werden.

Diese namenlose Frau hatte Jesus genau zugehört.
Sie hatte Jesu Worte ernst genommen.
Hatte, im Unterschied zu vielen anderen, wahr-genommen, was um ihn herum geschah und was sich da zusammenbraute.
Und weil sie ahnte, was kommen würde, wurde sie mit ihrer Zeichenhandlung zur Prophetin.
Sie zeigte Jesus ihre Liebe, ihr Vertrauen, ihre Hoffnung.
Sie zeigte ihm: Du bist nicht allein!
Vielleicht war sie dann auch eine von jenen, die Jesus auf seinem Kreuzweg begleiteten, die es unter Jesu Kreuz aushielten, als alle anderen schon geflohen waren.

Verrückt, diese Verschwendung unter den Augen eines Bedürftigen.
Ja - und trotzdem richtig: denn in fünf Tagen ist Jesus tot, dann ist es zu spät, Liebe zu zeigen.
Verrückt, wie der in unseren Tagen dringende Appell, Nächstenliebe durch Wahrung von Distanz zu zeigen, dem Menschen, der nicht mit mir zusammenlebt, aus dem Weg zu gehen.

Sonst könnte er - oder ich - in wenigen Tagen krank und schlimmstenfalls tot sein.

Ich bin mir sicher, dass Jesus auf seinem Weg durch das Leid und in den Tod immer wieder auch an diese Frau und all die anderen gedacht hat, die verrückt genug waren, sich für ihn, für seine gute Nachricht von Heil und Frieden und Versöhnung zu engagieren.

Diese Gewissheit, dass Menschen ihn in Gedanken und mit Gebet begleiten, hat Jesus vielleicht ein wenig Hoffnung geschenkt.

So war er zuletzt zwar allein, verlassen aber war er nicht.

Ja, wir brauchen immer wieder diese verrückte Vernunft des Herzens.

Ja, manchmal ist im Leben das Verrückte dran; das die Welt auf den Kopf stellt – oder vielleicht doch gerade wieder auf die Füße.

Und in dem viel mehr Weisheit und Sinn steckt, als wir es uns vorstellen können.

Beziehungskrisen[113]

Beziehungen in der Krise.
Was macht die Pandemie mit unseren Beziehungen?
Zum Partner? Zu Kindern bzw. Eltern und Großeltern? Zu Vorgesetzten oder Untergebenen? Zu Menschen, für die man - eigentlich - da sein sollte, da sein will und doch nicht kann?
Wie lassen sich derzeit Beziehungen aufrechterhalten?
Was machen die Distanz und die notwendige Distanzierung mit uns?
Sind meine / unsere Beziehungen so trag- und belastungsfähig, dass sie diese Krise durchstehen, ja am Ende gestärkt daraus hervorgehen?

Karfreitag - das fragt auch:
Wie bewähren sich Beziehungen in Krisenzeiten?
Was gilt jetzt: Solidarität oder Egoismus?
Ist sich jeder selbst der Nächste (Me first!) oder frage ich auch danach, ob mein Tun und Lassen auch dem nahen und fernen Nachbarn hilfreich sein kann?

Beziehungen in der Krise.
Die Karfreitagserzählung des Johannesevangeliums schildert zunächst Beziehungslosigkeit:

16 Da überantwortete Pilatus ihnen Jesus, dass er gekreuzigt würde.
Sie nahmen ihn aber
17 und er trug sein Kreuz und ging hinaus zur Stätte, die da heißt Schädelstätte, auf Hebräisch Golgatha.
18 Dort kreuzigten sie ihn und mit ihm zwei andere zu beiden Seiten, Jesus aber in der Mitte.

19 Pilatus aber schrieb eine Aufschrift und setzte sie auf das Kreuz; und es war geschrieben: Jesus von Nazareth, der König der Juden.

20 Diese Aufschrift lasen viele Juden, denn die Stätte, wo Jesus gekreuzigt wurde, war nahe bei der Stadt. Und es war geschrieben in hebräischer, lateinischer und griechischer Sprache.

21 Da sprachen die Hohenpriester der Juden zu Pilatus: Schreib nicht: Der König der Juden, sondern dass er gesagt hat: Ich bin der König der Juden.

22 Pilatus antwortete: Was ich geschrieben habe, das habe ich geschrieben.

23 Als aber die Soldaten Jesus gekreuzigt hatten, nahmen sie seine Kleider und machten vier Teile, für jeden Soldaten einen Teil, dazu auch das Gewand. Das war aber ungenäht, von oben an gewebt in einem Stück.

24 Da sprachen sie untereinander: Lasst uns das nicht zerteilen, sondern darum losen, wem es gehören soll. So sollte die Schrift erfüllt werden, die sagt (Psalm 22,19): »Sie haben meine Kleider unter sich geteilt und haben über mein Gewand das Los geworfen.« Das taten die Soldaten.

(Johannes 19,16-24)

Zwar wird geredet, sogar eine ganze Menge, aber es wird nur „Geredet über", Jesus ist nur Gesprächsgegenstand.

Man ist fertig mit ihm und so wird er nur noch abgefertigt. Für seinen Richter wie für seine Henker ist er schon tot.

Nur Johannes erzählt, dass Jesus sein Kreuz allein schleppen muss.

Er wird zwischen zwei andere Menschen gehängt, doch ob da noch Worte gewechselt wurden, interessiert nicht.

Und während Jesus am Kreuz hängt und stirbt, wird von den "Rechthabern" darüber gestritten, ob der über ihm angebrachte Grund seiner Hinrichtung korrekt formuliert ist.

Und die römischen Soldaten interessieren sich überhaupt nur für das, was für sie bei diesem Job herausspringt.

Da gibt es kein Mitleid, nur Gleichgültigkeit.

Einsamkeit - Beziehungslosigkeit - Tod: Menschen reden nicht mehr miteinander, schweigen sich an, schweigen sich tot.

Beziehungen in der Krise.

Was wird am Ende dieser durch die Pandemie ausgelösten Krisenzeit stehen?

Die Verschärfung der wirtschaftlichen und sozialen Konflikte?

Lokal, national aber auch global?

Was macht die lange Trennung von Arbeitskollegen, Mitschülerinnen, Freunden, Familienangehörigen mit unseren Beziehungen?

Trägt das frühere Vertrauen noch, oder sortiert sich alles neu?

Der Evangelist Johannes erzählt weiter:

25 Es standen aber bei dem Kreuz Jesu seine Mutter und seiner Mutter Schwester, Maria, die Frau des Klopas, und Maria von Magdala.

26 Als nun Jesus seine Mutter sah und bei ihr den Jünger, den er lieb hatte, spricht er zu seiner Mutter: Frau, siehe, das ist dein Sohn!

27 Danach spricht er zu dem Jünger: Siehe, das ist deine Mutter! Und von der Stunde an nahm sie der Jünger zu sich.

28 Danach, als Jesus wusste, dass schon alles vollbracht war, spricht er, damit die Schrift erfüllt würde: Mich dürstet.

29 Da stand ein Gefäß voll Essig. Sie aber füllten einen Schwamm mit Essig und steckten ihn auf ein Ysoprohr und hielten es ihm an den Mund.

30 Als nun Jesus den Essig genommen hatte, sprach er: Es ist vollbracht!, und neigte das Haupt und verschied.

(Johannes 19,25-30)

Jesus durchbricht diese Mauer der Beziehungslosigkeit.

Er wendet sich an die Umstehenden und fordert ihr Mitleid heraus, das sie von sich aus nicht geben können und wollen.

Aber auch jetzt findet sich kein Erbarmen.

„Ich warte, ob jemand Mitleid mit mir habe, aber da ist niemand, und auf Tröster, aber ich finde keine. Sie geben mir Galle zu essen und Essig zu trinken für meinen Durst." (Psalm 69,21b+22)

Wer unten ist, auf dem wird erst recht herumgetrampelt.

Nur: Was ich einem anderen antue, füge ich immer auch mir selbst zu!

Der erste Versuch neue Beziehungen zu schaffen scheitert.

Aber Jesus ist noch nicht am Ende:

Frau, siehe, das ist dein Sohn! – Siehe, das ist deine Mutter! Und von der Stunde an nahm sie der Jünger zu sich.

Die Wahrheit dieser kleinen Szene heißt: Durch Jesu Tod werden Mauern und Distanzen, die bisher Kommunikation und Gemeinschaft verhinderten, niedergerissen und überbrückt.

Alles, was wir vorbringen, um Beziehungen zu unterbinden, alle Regeln, die Distanz schaffen und wahren sollen, sind im Blick auf Gott und die in ihm und durch ihn geschaffene Gemeinschaft ohne Bedeutung.

Jesu Tod stiftet neue Beziehungen und Gemeinschaften, schafft neues Leben.

Musste nicht Jesus diese Beziehungslosigkeit, die Abgrenzung der Menschen von ihm, seine Ausgrenzung im Sterben und im Tod erleiden, damit er so zur „Arznei, die zur ewigen Gemeinschaft mit Gott führt"[114], wird?! –

Im Kreuz Jesu, in Jesu Tod und Verherrlichung, liegt die Einheit der Kirche, des Leibes Christi, begründet, die als Vermächtnis Jesu allem Bemühen immer schon voraus liegt.

So lauten die letzten Worte Jesu nach Johannes denn auch: *Es ist vollbracht!*

Jesus hat am Kreuz alles vollbracht, wozu ihn sein Vater in die Welt gesandt hatte.

Jesu Kreuzigung ist deshalb für Johannes, wie er oft doppeldeutig sagt, seine Erhöhung.

Mehr als sein Leben für seine Freunde geben, kann Jesus nicht.

Jetzt muss er zum Vater gehen, damit der verheißene Paraklet, der Tröster-Geist kommen kann, der Jesus mit allen Jüngerinnen und Jüngern verbindet, der sie zu Jesus und seinem Vater in die Herrlichkeit führen soll.

Noch einmal wird deutlich, was der Evangelist von Anfang an erzählt: Gott kommt in seinem Wort, im Logos, in seine Welt. Er versucht gestörte Beziehungen zu heilen, neu zu knüpfen. Aber er wird von den Seinen nicht erkannt und angenommen.

Beziehungslosigkeit und Einsamkeit, Finsternis und Tod herrschen, obwohl das Licht in der größten Finsternis leuchtet: *„Es ist vollbracht!"*

Am Kreuz, in der Erhöhung und Verherrlichung Jesu schafft Gott neues Leben, knüpft ER neue Beziehungen.

„Wenn das Weizenkorn nicht in die Erde fällt und erstirbt, bleibt es allein; wenn es aber erstirbt, bringt es viel Frucht." (Johannes 12,24)

Hoffnung? - Hoffnung![115]

Wie kann es weitergehen, nach der Krise, die nicht zur Katastrophe werden zu lassen, alle sich bemühen?

Wie kann es weitergehen, nach dem, wie Heribert Prantl, Kolumnist der Süddeutschen Zeitung, es formulierte, „Karfreitag der Welt, der nun schon Wochen andauert"[116]?

Wie konnte es weitergehen, nach der Katastrophe des Karfreitags Jesu?

Der für den Evangelisten Markus zugleich Folie ist für den Karfreitag des Gottesvolks Israel, für die Gewalterfahrungen und Zerstörungen des sogenannten jüdischen Krieges, der im Jahre 70 mit der Vernichtung Jerusalems und des Tempels durch den späteren Kaiser Titus endete?![117]

Wie kann es weitergehen?

Noch ist es nicht entschieden, noch ist es zwiespältig: In der kommenden Woche soll darüber beraten werden, ob und wie und wann die Zügel gelockert werden – oder ob, wie gerade in Italien geschehen, alles noch einmal verlängert, möglicherweise verschärft wird.

Auch in der Ostergeschichte des Markus-Evangeliums versteckt sich die Hoffnung eher.

1 Und als der Sabbat vergangen war, kauften Maria Magdalena und Maria, die Mutter des Jakobus, und Salome wohlriechende Öle, um hinzugehen und ihn zu salben.

2 Und sie kamen zum Grab am ersten Tag der Woche, sehr früh, als die Sonne aufging.

3 Und sie sprachen untereinander: Wer wälzt uns den Stein von des Grabes Tür?

4 Und sie sahen hin und wurden gewahr, dass der Stein weggewälzt war; denn er war sehr groß.

5 Und sie gingen hinein in das Grab und sahen einen Jüngling zur rechten Hand sitzen, der hatte ein langes weißes Gewand an, und sie entsetzten sich.

6 Er aber sprach zu ihnen: Entsetzt euch nicht! Ihr sucht Jesus von Nazareth, den Gekreuzigten. Er ist auferstanden, er ist nicht hier. Siehe da die Stätte, wo sie ihn hinlegten.

7 Geht aber hin und sagt seinen Jüngern und Petrus, dass er vor euch hingeht nach Galiläa; da werdet ihr ihn sehen, wie er euch gesagt hat.

8 Und sie gingen hinaus und flohen von dem Grab; denn Zittern und Entsetzen hatte sie ergriffen. Und sie sagten niemand etwas; denn sie fürchteten sich.

(Markus 16,1-8)

Entsetzen, Furcht, Schweigen – das war Karfreitag geblieben, nachdem Jesus noch schnell vor dem Beginn der Sabbatruhe in ein Grab gelegt worden war und das blieb auch am Karsamstag.

Jetzt wollen drei Frauen ihrem Meister und Freund Jesus noch einen letzten Liebesdienst erweisen.

Der Schock ist immer noch da, denn erst kurz vor dem Grab fragen sie sich, wer ihnen den schweren Stein von der Öffnung des Felsengrabs wegrollen kann.

Ich stelle mir vor, dass gerade viele Menschen ähnliches erleben und empfinden, wenn ihnen der Zugang zu einem alten, sterbenden oder vielleicht verstorbenen Angehörigen verwehrt wird, in Einrichtungen, die wegen Infektionen unter Quarantäne stehen, in Gesundheitseinrichtungen, die die Gefahr einer Infektion draußen lassen wollen.

„Wer wälzt uns den Stein von des Grabes Tür?"
Nur: der Stein ist weggewälzt.
Die Frauen scheinen das kaum bzw. wie erleichtert zur Kenntnis zu nehmen, gehen einfach in das Grab hinein um...
...zu sehen: einen jungen Mann, bekleidet mit einem leuchtend weißen Gewand – kein Engel, sondern für Leser bzw. Hörer des Markus-Evangeliums ein alter Bekannter. Er taucht, wie Heribert Prantl formuliert, „in einer befremdlichen Szene bei Jesu Gefangennahme im Garten Gethsemane (auf), als alle Getreuen ihn verlassen hatten: (...) wie aus dem Nichts (erscheint) ein junger Mann (), der nur mit einem Tuch bekleidet ist, sozusagen mit dem letzten Hemd; der Mann folgt dem gefangenen Jesus, und als die Soldaten auch ihn packen, lässt er das Hemd fallen und läuft nackt davon. Der nackt Flüchtende gehört in die Metaphorik des Krieges, ist eine Ikone der Apokalyptik, steht für die Nacktheit der Welt, die auch im Jahr 2020 so spürbar ist: Helfern fehlen Schutzmasken, Kranken fehlen Medikamente, Experten fehlt Erfahrung, Geflüchteten fehlt Schutz. Der junge Mann kehrt wieder am frühen Ostermorgen. Er sitzt im leeren Grab, nun mit einem leuchtend weißen Gewand bekleidet – und bezeugt die Auferstehung."[118]

Entsetzt euch nicht! Ihr sucht Jesus von Nazareth, den Gekreuzigten. Er ist auferstanden, er ist nicht hier. Siehe da die Stätte, wo sie ihn hinlegten.
Gott ist noch nicht fertig mit der Welt und den Menschen, es gibt gegen den Augenschein Hoffnung, auch wenn es unter all der Not und Gewalt ein sehr zartes und gefährdetes Pflänzchen ist.
Darum: Fürchtet euch nicht!
Auch wenn die Realität zum Fürchten ist, wie sie uns der tägliche Corona-Pandemie-Ticker frei Haus liefert.

Aber es gibt – nein: Gott gibt Hoffnung!

Der, den ihr liebt, der euch das Reich Gottes durch seine Taten und Worte nahe brachte, Jesus von Nazareth, von den Römern als messianischer Aufrührer am Kreuz hingerichtet, er lebt!

„Er wurde auferweckt", wie es wörtlich übersetzt heißt:

<u>Gott</u> hat Jesus vom Tod ins Leben geholt – und der „Beweis" dafür ist der leere Platz, an dem er lag.

Die Welt ist fertig mit Jesus, meint, ihn und damit Gott abgefertigt zu haben.

Aber Gott ist noch nicht fertig, Gott greift ein, weckt Jesus auf aus dem Schlaf des Todes, lässt ihn auferstehen, aufstehen.

Wie Jesus immer wieder Menschen aufstehen hieß, sie aus ihrer Krankheit, ihrer Einschränkung herausrief in ein neues Leben.

All diese vom Evangelisten erzählten kleinen „Auferweckungen" werden im Licht dieser großen Auferweckung auf einmal transparent für Gottes Handeln, für sein schöpferisches Wirken in der Welt.

Neue Schöpfung - erster Tag: *„Und Gott sprach: Es werde Licht!"* (1. Mose 1,3)

Der Jüngling gibt den Frauen einen Auftrag: *Geht aber hin und sagt seinen Jüngern und Petrus, dass er vor euch hingeht nach Galiläa; da werdet ihr ihn sehen, wie er euch gesagt hat.*

Wie kann es weitergehen?

Zunächst: Es kann neu beginnen, für die Jünger, die flohen, für Petrus, der Jesus verleugnete.

Da ist Vergebung, da ist Evangelium, frohe Botschaft: Der Herr ist wahrhaftig auferstanden![119] Halleluja!

Dort, im Galiläa der Heiden, im finstern Land, leuchtet ein großes Licht auf.[120]

Von dort aus sollen die Boten den Weg dem Herrn bereiten, indem sie die Botschaft Jesu weitertragen und weitersagen.

Die Botschaft der Umkehr, des Lebens nach den guten Weisungen Gottes; die Befreiung und Aufrichtung der Gequälten und Dämonisierten; die Liebe zum Leben, die quer steht zu der Kultur der Gewalt im römischen Imperium.

Wie kann es weitergehen?

Noch wissen wir nicht, welche Entscheidungen in der kommenden Woche getroffen werden.

Von den Frauen heißt es bei Markus, und damit endete ursprünglich sein Evangelium:

Und sie gingen hinaus und flohen von dem Grab; denn Zittern und Entsetzen hatte sie ergriffen. Und sie sagten niemand etwas; denn sie fürchteten sich.

Wie geht es weiter?

Es ist weitergegangen – sonst hätte Markus sein Evangelium nicht geschrieben, würden wir heute nicht den Anbruch einer neuen Schöpfung in der Auferweckung Jesu verkünden.

Es war ein tastender Anfang, unsicher – mit Ehrfurcht vor dem so ganz anderen Handeln Gottes.

Klar war nur – klar ist: Ein Weiter-so wie bisher kann es nicht geben.

Denn: Der Herr ist auferstanden! Er ist wahrhaftig auferstanden! Halleluja!

Hebt eure Augen in die Höhe und seht![121]

„Christus ist auferstanden! Halleluja!"
Kraftvolle Worte, auch in diesem Jahr – trotz allem.
Ein Mut machender Ruf, der eine gegen die Not festgehaltene Lebensfreude verkündet.
Ein Gruß, der Wirklichkeit verändert.
„Christus ist wahrhaftig auferstanden! Halleluja!"
Wenn das so einfach wäre mit dem Osterglauben.
Unser tägliches Leben, unsere Realität sprechen dem doch allzu oft Hohn.
Ist dieser Glaube nicht Traumtänzerei?
Leben in einem Wolkenkuckucksheim?

Der Prophet, dessen Worte im Buch des Propheten Jesaja ab Kapitel 40 aufbewahrt sind, scheint ebenfalls solcher Illusion nachzuhängen:
26a Hebt eure Augen in die Höhe und seht!
Nur: Was soll dort zu sehen sein? - Er fährt dann fort:
26b Wer hat all dies geschaffen? Er führt ihr Heer vollzählig heraus und ruft sie alle mit Namen; seine Macht und starke Kraft ist so groß, dass nicht eins von ihnen fehlt.
27 Warum sprichst du denn, Jakob, und du, Israel, sagst: »Mein Weg ist dem HERRN verborgen, und mein Recht geht an meinem Gott vorüber«?
28 Weißt du nicht? Hast du nicht gehört? Der HERR, der ewige Gott, der die Enden der Erde geschaffen hat, wird nicht müde noch matt, sein Verstand ist unausforschlich.
29 Er gibt dem Müden Kraft und Stärke genug dem Unvermögenden.
30 Jünglinge werden müde und matt, und Männer straucheln und fallen;

31 aber die auf den HERRN harren, kriegen neue Kraft, dass sie auffahren mit Flügeln wie Adler, dass sie laufen und nicht matt werden, dass sie wandeln und nicht müde werden.

(Jesaja 40,26-31)

Glaube als Gottvertrauen ist immer ein Wagnis.

Wie jedes Sich-einlassen auf ein Du ein Risiko ist.

Die Wahrheit dieses Glaubens kann ich nur erfahren, wenn ich mich auf eine Beziehung mit Gott und Jesus einlasse.

Glaube in diesem Sinn ist ein mutiges, hoffnungsvolles aber auch tastend-zweifelndes Voranschreiten.

Ist der vielleicht manchmal brüchige, aber doch bleibende Wille, im Gespräch mit Gott zu bleiben.

Sich immer wieder durch Gottes Wort vergewissern zu lassen; Stärkung in der Gemeinschaft mit anderen, die mit mir auf dem Weg sind, zu suchen.

„Ich glaube; hilf meinem Unglauben!" (Markus 9,24)[122]

Ehrlicherweise ist immer beides da; nur können die äußeren Umstände, die Wirklichkeit so stark, ja übermächtig werden, dass mein Glaube zu erodieren beginnt.

Leise, aber wirksam schleichen sich die Zweifel ein:

Wo ist denn unser Gott, der versprochen hat, immer bei uns zu sein?

Warum ist von ihm nichts zu hören und zu sehen?

Wo bleibt die Hilfe, die er versprochen hat?

Hat Gott uns denn ganz und gar vergessen?

Wo ist Gott?

Eine quälende Frage für die ihrer Heimat beraubten Menschen.

Die Götter der babylonischen Sieger sind so viel präsenter, scheinen so viel mächtiger zu sein.

Das ist auch die Erfahrung der Jüngerinnen und Jünger, nachdem mit dem schmählichen Kreuzestod Jesu alle Hoffnungen und Erwartungen dahin waren.
Sie waren dem Ruf des Rabbis aus Nazareth gefolgt.
Hatten ihm vertraut.
Hatten geglaubt, Jesus sei der Messias, Heiland der Welt, Sohn Gottes.
Doch dann: das Ende am Kreuz.
Und die Fragen und Zweifel:
Ist nicht alles hinfällig, was wir geglaubt und gehofft hatten?
Wo ist Gott?

Wo und wie kann ich spüren: ER lebt!
Wie bekomme ich Gewissheit darüber: ER hat die Menschen, die IHM vertrauen, nicht vergessen?
Fragen, die Menschen auch aktuell bewegen.

Da kann man leicht den Kopf hängen lassen.
Wenn der Kopf nach vorne sinkt und der Blick nach unten fällt, dann haben wir keine freie Aussicht, keine Perspektive mehr, dann sieht man nur noch sich selbst, ist in sich, seinen Fragen und Sorgen gefangen, betreibt Nabelschau.

Hebt eure Augen in die Höhe und seht!, ruft der Prophet.
Das ist mehr als das banale: „Kopf hoch, alles wird schon wieder gut!"
Der Prophet befreit die Menschen von ihrer Ichbezogenheit: *Hebt eure*

Augen in die Höhe und seht!

Seht all die Sterne und Planeten, die Sternbilder dort oben. Unser Gott, der Schöpfer, hat sie gemacht, die Sterne sind sein Werk, sie sind in seiner Hand.

Das sind keine Schicksalsmächte, keine Götter, die unser Leben lenken und bestimmen.

Heute muss man ergänzen: „Macht eure Augen auf und versteht!"

All die Bakterien und Viren, diese winzigen, für uns unsichtbaren Wesen: alle sind sie Teil der Schöpfung unseres Gottes, und keine dunklen Schicksalsmächte.

Wenn nun Gott die Sterne in ihrer schier unermesslichen Zahl nicht vergisst – wenn ER selbst die kleinsten Bausteine des Lebens mit Namen kennt – warum sollte ER unser nicht gedenken?!

Hebt eure Augen in die Höhe und seht!

„Macht eure Augen auf und versteht!"

Worte, die Mut machen wollen, weil sie meinen / unseren Blick weg von mir und meinen engen Grenzen richten.

Worte, die mich zu dem Gott weisen, der als Schöpfer und Erhalter Alles in seiner Hand hält.

Der Leben will, Leben in Fülle.

Der deshalb Neues schaffen kann und wird.

Die Zeitgenossen des Propheten durften erleben:

Gott vergisst sein Volk, seine Menschen nicht.

ER ist treu. Und wer sich auf Gott verlässt, ist nicht verlassen, sondern erhält neue Kraft.

Gott kann alles zum Guten hin verändern.

Und der Prophet hatte mit seinen Worten geholfen, dass ihr Glaube, ihr Gottvertrauen blieb.

Hebt eure Augen in die Höhe und seht!
Christus ist wahrhaftig auferstanden.
Es ist wahr, was die Propheten, was Jesus verkündigt hatten.
Der Aufbruch mit ihm war nicht vergebens.
Die Sehnsucht nach erfülltem Leben wird hier gestillt.
Was Jesus gelehrt und getan hatte, bleibt wahr.

Hebt eure Augen in die Höhe und seht!
„Macht eure Augen auf und versteht!"
Der Prophet mahnt nicht mehr nur um sich selbst und die eigenen Fragen zu kreisen, sondern auf Gott zu schauen, der größer ist.
Größer als unsere Zweifel und Fragen.
Größer auch als die Grenzen, an die wir immer wieder stoßen.
Und dem nichts zu klein ist, als dass es nicht sein Herz berührte.
Jesus sagt einmal: *„Verkauft man nicht fünf Sperlinge für zwei Groschen? Dennoch ist vor Gott nicht einer von ihnen vergessen. Auch sind die Haare auf eurem Haupt alle gezählt. Fürchtet euch nicht! Ihr seid kostbarer als viele Sperlinge."* (Lukas 12,6+7)

Aber kann der Zweifel, können die Fragen so einfach „verschwinden"?
Die auf den Herrn harren, kriegen neue Kraft, sagt der Prophet.
Wer mit ganzem Herzen nach Gott sucht in den Höhen und Tiefen seines Lebens, von dem wird sich Gott immer wieder neu finden lassen.
Wer das Gute in seinem Leben als Geschenk aus Gottes Hand empfängt, kann auch in schweren Zeiten an Gott festhalten, wie Hiob:
„Der HERR hat's gegeben, der HERR hat's genommen; der Name des HERRN sei gelobt!" (Hiob 1,21b)

Wer beharrlich im Gespräch mit Gott bleibt, in Lob und Dank, Bitte und Klage, braucht den Kopf nicht hängen zu lassen.

Der bekommt Kraft genug, Schweres zu tragen und sich einzusetzen für Veränderung zum Guten.

Hebt eure Augen in die Höhe und seht!

Gott ist treu – im Großen wie im Kleinen.

Weil gestern auf IHN Verlass war, deshalb dürfen und können wir heute und in Zukunft auf diesen Gott bauen.

Der Tod hat nicht das letzte Wort!

Wir dürfen gewiss sein: Christus ist wahrhaftig auferstanden! Halleluja!

Frucht bringen[123]

Wie kann Leben, christliches Leben gelingen?
Was macht es aus? Wie zeigt es sich im Alltag?
Nicht nur, aber gerade auch jetzt, da vieles unsicher geworden ist; da
immer klarer wird, dass nichts eindeutig ist.

Wie kann christliches Leben gelingen?
Wie „neue Schöpfung" Realität werden?
In seiner Abschiedsrede sagt Jesus:

1 Ich bin der wahre Weinstock und mein Vater der Weingärtner.
2 Eine jede Rebe an mir, die keine Frucht bringt, nimmt er weg; und eine jede, die Frucht bringt, reinigt er, dass sie mehr Frucht bringe.
3 Ihr seid schon rein um des Wortes willen, das ich zu euch geredet habe.
4 Bleibt in mir und ich in euch. Wie die Rebe keine Frucht bringen kann aus sich selbst, wenn sie nicht am Weinstock bleibt, so auch ihr nicht, wenn ihr nicht an mir bleibt.
5 Ich bin der Weinstock, ihr seid die Reben. Wer in mir bleibt und ich in ihm, der bringt viel Frucht; denn ohne mich könnt ihr nichts tun.
6 Wer nicht in mir bleibt, der wird weggeworfen wie eine Rebe und verdorrt, und man sammelt die Reben und wirft sie ins Feuer, und sie verbrennen.
7 Wenn ihr in mir bleibt und meine Worte in euch bleiben, werdet ihr bitten, was ihr wollt, und es wird euch widerfahren.
8 Darin wird mein Vater verherrlicht, dass ihr viel Frucht bringt und werdet meine Jünger.

(Johannes 15,1-8)

„Frucht bringen, gute Werke tun" sind wohl die erst einmal hängenbleibenden Stichworte.

Also etwas anpacken, die Veränderungen gestalten, die jetzt dran sind: Neue und für viele von uns Älteren ungewöhnliche Wege gehen, ungewohnte Antworten geben und manch fremdartig anmutende Lösung finden.

Wer weiß, wie sich unsere Berufs- und Freizeitwelt fortentwickeln wird?

Wer ahnt, wohin die Digitalisierung uns noch zu führen in der Lage ist?

Welche Umgestaltung unserer Konsumgesellschaft demnächst ansteht?

Wie Bildung, gerade auch die religiöse, gestaltet werden wird?

Nur, was ist der Maßstab für die Veränderung?

Wer sagt mir, welche neuen Wege ich gehen und ausprobieren kann?

Gibt es etwas wie einen Kompass, der mir hilft, die Orientierung zu behalten? Der mir und uns hilft, aus einer Sackgasse herauszufinden und neu zu suchen?

Denn beim besinnungslosen Voranstürmen kann man leicht sich selbst verlieren und in eine Unfreiheit geraten, die größer ist als das, was man hinter sich zu lassen hoffte.

Ich bin der Weinstock, ihr seid die Reben. Wer in mir bleibt und ich in ihm, der bringt viel Frucht; denn ohne mich könnt ihr nichts tun.

Dieses letzte der sieben Ich-bin-Worte Jesu ist der Kern des Abschnitts. Mit dem Bild vom Weinstock und seinen Reben wird deutlich gemacht, von wo uns Kraft zukommt, woher wir einen Maßstab bekommen.

Das Leitmotiv, der rote Faden ist das „Bleiben", das „in Jesus und in Gott bleiben".

ER ist Grund, Ziel und Mitte; von IHM kommt, was in unserem Leben gute Frucht wachsen lässt!

Wie kann Leben gelingen?
Indem wir uns auf den „Ich bin, als der ich mich erweisen werde"
einlassen, den Gott Israels und Vater Jesu Christi, der treu ist und ver-
trauenswürdig; der uns / mir aber immer wieder auf eine überra-
schend neue Weise entgegenkommt.
In der aktuellen Ausgabe der Wochenzeitung DIE ZEIT ist, statt eines
Nachrufs, der von Norbert Blüm[124] noch vor einigen Monaten beant-
wortete „Politische Fragebogen" abgedruckt.
Eine der dreißig Fragen, die jedem Interviewten gestellt werden, lau-
tet:
„Nennen Sie ein politisches Buch, das man gelesen haben muss."
Antwort: „Die Bibel."
Nachfrage der Journalistin, und ich kann die Verwunderung in ihrer
Stimme hören: „Die ist politisch?"
Antwort von Norbert Blüm: „Das ist das politischste Buch, das ich
überhaupt kenne. Da ist alles drin, was das Leben zu bieten hat…"[125]
Ja! Recht hat er!
Auch ich kann immer wieder nur einladen, sich auf dieses alte und
dennoch oft so überraschend moderne Buch einzulassen, es zu lesen.
Und niemand muss Theologie studiert haben, um die Bibel lesen und
verstehen zu können.
Ich kenne genug „normale" Menschen, die tiefere Einsichten in das
Verständnis der heiligen Schrift haben, als das durch alle Schulweis-
heit hindurch jemals möglich wäre.

Heute und am kommenden Sonntag wären in Espenau die Konfirmationen gewesen, die, den Umständen geschuldet, verschoben werden
mussten.

Bestandteil der Konfirmation ist der Konfirmationsspruch, ein Bibelwort, das die Konfirmierten durch ihr Leben als Christinnen und Christen begleiten soll.

Ich habe mich selbst immer wieder gefragt, was mir mein Konfirmationsspruch, wenn ich es in Wahrheit als Wort Gottes an mich verstehe, für mein Leben bedeuten kann.

Das gelingt aber nur, wenn ich bei Gott und in Jesus bleibe; wenn ich dieses Gotteswort und das Wort Gottes als Ganzes Teil meines Lebens sein lasse, es „wiederkäue", wenn ich mit Gott spreche über das, was ich lese oder höre, was ich nicht verstehe bzw. meine zu verstehen.

Ja, dann kann ich entdecken, dass Gott mir - und nicht nur mir - etwas zu sagen hat, wie „politisch" die Bibel ist, dass vielleicht nicht mit aber auf der Grundlage der Bergpredigt Politik gemacht werden kann.

Wie kann Leben gelingen?

Wie kann das, was ich tue, gute Frucht werden?

Eine zweite Antwort aus dem Text ist:

Indem ich das Gespräch mit Jesus und seinem Vater, Gott, nicht abbrechen lasse.

Alles, was mich bewegt, was uns widerfährt, kann ich Gott sagen: im Gebet.

Beten ist so viel mehr als nur Bitten, es ist Klage und Anklage, es ist Schuldbekenntnis, ist Bitte und Fürbitte, und nicht zuletzt Dank und Lobpreis.

Beten will und muss geübt werden. Nur wer mit dem anderen im Gespräch bleibt, lernt ihn immer besser kennen. Einige der tiefsten Erkenntnisse und Aussagen über Gott sind nicht in dicken Dogmatiken formuliert worden, sondern in Gebeten, wie den Psalmen.

Darum: Wenn wir in Jesus bleiben, wie die Reben am Weinstock, wenn wir auf Gottes Wort hören und mit Jesus und Gott und miteinander darüber reden, kann Leben gelingen.

Gott ermutigt zum Ausprobieren neuer Wege und Erfahrungen, gerade weil ER in aller Veränderung treu ist und uns treu bleibt.

Singt![126]

„Du, meine Seele, singe!" (EG 302,1)
Wie mit Fanfarenstößen ruft dieses Lied zum Gotteslob, mich, uns, jedes Geschöpf.
Singt! Cantate!
Dazu fordert uns dieser Sonntag mit seinem Namen auf: Singt, lobpreist den Herrn.
Singen, vor allem gemeinsames Singen ist Ausdruck des Glaubens, gerade auch unseres evangelischen Glaubens.

Für mich ist das eine merkwürdige Vorstellung:
Wir dürfen demnächst wieder Gottesdienste feiern, zwar mit Musik, aber ausdrücklich **ohne** Gemeindegesang, weitgehend stumm, versteckt hinter einer Maske.
Das ist aktuell, und wie es aussieht noch für eine längere Zeit, absolut sinnvoll und angemessen, um nach Möglichkeit niemanden zu gefährden.
Doch mit Augustins Sentenz: „Qui cantat, bis orat"[127] im Ohr („Wer singt, betet zweifach."), und konfrontiert mit dem für heute vorgeschlagenen Predigttext aus dem 5. Kapitel des 2. Chronikbuchs, ist die Idee eines gesanglosen Gottesdienstes irgendwie schräg.
In dem Text aus dem 2. Chronikbuch geht es um die Einweihung des von Salomo in Jerusalem neu gebauten Tempels.
In die Nacherzählung des Berichts aus 1. Könige 8 wird folgende kleine Szene eingefügt:

12 …alle Leviten, die Sänger waren, nämlich Asaf, Heman und Jedutun und ihre Söhne und Brüder, angetan mit feiner Leinwand, standen östlich vom Altar mit Zimbeln, Psaltern und Harfen und bei ihnen hundertzwanzig

Priester, die mit Trompeten bliesen.

13 Und es war, als wäre es einer, der trompetete und sänge, als hörte man eine Stimme loben und danken dem HERRN. Und als sich die Stimme der Trompeten, Zimbeln und Saitenspiele erhob und man den HERRN lobte: »Er ist gütig, und seine Barmherzigkeit währt ewig«, da wurde das Haus erfüllt mit einer Wolke, als das Haus des HERRN,

14 sodass die Priester nicht zum Dienst hinzutreten konnten wegen der Wolke; denn die Herrlichkeit des HERRN erfüllte das Haus Gottes.

(2. Chronik 5,12-14)

Ein Alptraum für Mediziner, Gesundheitspolitiker und für jeden Verantwortlichen einer Veranstaltung.

Begeisterte Menschen, dicht gedrängt im Tempel und in den Höfen davor, Leviten und Priester, natürlich der König selbst, seine Minister und Verwaltungsbeamten.

Das ganze Volk ist da: Junge und Alte, Städter aus Jerusalem und Menschen aus den umliegenden Dörfern, aus dem ganzen Land, vom Hermon bis an den Golf von Aqaba.

Einheimische, Pilger aus der Ferne und ganz Fremde, Ehrengäste.

Hunderte, Tausende, begleitet von einer ziemlich großen Brass-Band, von Rhythmus- und Saiteninstrumenten, erheben gemeinsam ihre Stimme, loben wie mit **einer** Stimme Gott: *Er ist gütig, und seine Barmherzigkeit währt ewig.*

Und Gott?

IHN erfreut, dass all die unterschiedlichen Menschen wie mit **einer** Stimme zusammenklingen, als ob sie den großen Schalom vorwegnähmen.

Denn nun erfüllt eine Wolke das Gebäude.

Gott selbst kommt zu den Menschen, und indem ER kommt, wird das Haus, wird die Versammlung wahrhaft „Haus Gottes".

Gott erscheint – aber nicht als machtvolle Lichtgestalt, als dramatischer Superheld, als Herr der himmlischen Heerscharen.

Gott offenbart sich nicht, um mit seiner Herrlichkeit die zweifellos schon große Pracht der Festversammlung noch zu übertrumpfen.

In gewisser Weise werden die Erwartungen gebrochen:

Gott verhüllt sich, die Menschen bekommen nur das Dunkel einer Wolke zu sehen.

Gott lässt sich nicht festlegen auf ein Bild, meine Vorstellung und Erwartung.

Und um allen menschlichen Bildern von Macht und Größe, Wünschen nach Erfolg und Großartigkeit den Boden zu entziehen, hüllt er sich zuletzt ins Fleisch, lässt sich ans Kreuz nageln.

Die Eigenschaften, die die Menschen an Gott preisen, sind: *Güte und Barmherzigkeit.*

Und sie erinnern damit an Psalmen, die von Gottes Zuwendung in Israels Not und trotz Israels Abwendung und Undank sprechen.

Gott begibt sich in die Niedrigkeit und in die Not der Menschen.

ER will sich dort zeigen und finden lassen, wo höchstens noch Klage laut wird, wo möglicherweise jeder Gesang, jede Musik verstummt; in der *„Stimme verschwebenden Schweigens"* (1. Könige 19,12; nach Martin Buber[128]).

Da, nicht im Sturm, nicht im Erdbeben, nicht im Feuer, sondern in der *„Stimme verschwebenden Schweigens"* begegnet Gott dem verzweifelten Elijah.

Im Schweigen hört er die Stimme Gottes, die tröstet, aufrichtet und aussendet.

Wie im Schweigen des Grabes die Frauen die Botschaft der Auferweckung hörten.

Wie im Schweigen der Waffen vor 75 Jahren sich die Stimme der Buße und Sühne und der Vergebung erhob.

Vielleicht brauchen wir heute das Hören auf diese *„Stimme verschwebenden Schweigens".*

Vielleicht müssen wir – stellvertretend für unsere Gesellschaft, die offenbar gar nicht schnell genug wieder zu alter Lautstärke zurückkehren kann - eine Zeit lang verstummen, um neu hören zu lernen.

Müssen ernst nehmen, was der Prophet Amos den Menschen seiner heraufziehenden Krisenzeit mitgab: *„Tu weg von mir das Geplärr deiner Lieder; denn ich mag dein Harfenspiel nicht hören!"* Um fortzufahren: *„Es ströme aber das Recht wie Wasser und die Gerechtigkeit wie ein nie versiegender Bach."* (Amos 5,23+24)

Müssen hören lernen auf den Klang der Schöpfung um uns und in uns, über den wir nicht verfügen, in den wir uns nur fallenlassen können, in dem wir den Grund von allem erahnen können: Gott als das Geheimnis der Welt.

Müssen hören lernen auf die Stimme der Liebe, die ohne Geschrei und Gedröhn daherkommt und darum zu oft überdeckt bzw. überhört wird. Die denen eine Stimme gibt, die mundtot gemacht werden, die verstummt sind. Die für uns oft fremd klingt, weil verletzlich und verwundbar.

Müssen hören lernen auf bisher Ungehörtes und Unerhörtes, offen sein für die guten schöpferischen, die spirituellen, heilsamen und heilenden Potentiale der Musik und des Gesangs.

Dürfen neuen Wegen vertrauen lernen, auf die Gott uns weist.[129]

Nicht jeder muss dasselbe Lied bzw. denselben Ton singen, jede darf ihren Ton finden, um mit ihrem Lied auf ihre Weise Gott zu loben.

Und wenn wir dann zusammenkommen, jede und jeder mit seiner und ihrer Gabe, die sie / er von Gott empfangen hat[130], wenn wir einen dem Wort Gottes entsprechenden Gottesdienst feiern[131], indem wir einander mit unseren Gaben dienen[132] und im Bedürftigen Christus zum Nächsten werden[133], dann mag es sein, dass unsere Stimmen wieder wie **eine** zusammenklingen: *Er ist gütig und seine Barmherzigkeit währt ewig,* damit die Herrlichkeit Gottes erscheint und das Haus und die Versammlung darin wahrhaft zum Haus Gottes wird.

Dann gilt: Cantate! Singt!

Friede sei mit euch![134]

Pfingsten.
Das bedeutet: aufatmen und aufbrechen, begeistert werden und selbst begeistern.
Mauern werden überwunden, Türen aufgestoßen –
Freiheit - Freude!

Ja, so kann, so sollte es sich anfühlen, wenn nach 12 langen Wochen die ersten Gottesdienste mit Gemeinde in unseren schönen Kirchen wieder möglich sind.
Aber ich gestehe, dass da auch viel Unsicherheit und Sorge sind:
Die Gottesdienste dürfen ja nur mit großen Einschränkungen durchgeführt werden.
Wird also, was an Maßnahmen besprochen und vorbereitet wurde, auch wirklich funktionieren?
Geht alles gut aus – immerhin gab es jetzt schon zum zweiten Mal die Meldung, dass im Zusammenhang mit einem Gottesdienst COVID-19 ausgebrochen ist.

Pfingsten – auf einmal will sich die Freude nicht so richtig einstellen bzw. hat sich wieder leise davongeschlichen.
In dem für Pfingstmontag vorgeschlagenen Abschnitt aus Johannes 20 (Verse 19-23) lese ich:
19 Es war schon spätabends an diesem ersten Wochentag nach dem Sabbat. Die Jünger waren beieinander und hatten die Türen fest verschlossen. Denn sie hatten Angst vor den jüdischen Behörden.
Und auf einmal merke ich: Denen geht es wie mir, wie manchem von uns, der Angst hat vor dieser Krankheit, der seine Grenzen erlebt hat, die Begrenzung der Bewegungsmöglichkeiten.

Wir hören wohl die frohe Botschaft von Auferstehung und neuem Leben, von Freude und Freiheit, wie sie die Jünger Jesu aus dem Munde Maria Magdalenas früh am Ostermorgen hörten – aber glauben wollen wir sie noch nicht wirklich.

Wir kommen zusammen, aber ...

19 Da kam Jesus zu ihnen. Er trat in ihre Mitte...

Unvermittelt und ungebeten – ohne Rücksicht darauf, ob die erlaubte Höchstzahl an Anwesenden schon erreicht ist, kommt Jesus dazu. Angst, Verschlossenheit, Begrenzung, die ja auch Ausgrenzung ist – all das hindert Jesus nicht.

Der Auferstandene kommt, ist einfach da, verwandelt durch sein Wirken, durch sein Wort, eine „geschlossene Welt" in eine „offene Welt".

19 ... er sagte: Friede sei mit euch!

Ein üblicher, alltäglicher Gruß – in der Regel nur so dahingesagt, entleert seiner tieferen Bedeutung: „Möge es euch gut gehen!"

Friede sei mit euch!

Den Jüngerinnen und Jüngern Jesu wird auf einmal warm ums Herz und sie verstehen:

Damit ist der Friede gemeint, den Jesus ihnen bei seinem Abschied versprochen hatte und wie nur er ihn geben kann.

Nicht der Friede dieser Welt, sondern wahrhaft der Friede, der die Angst aus dem Herzen nimmt, der zu Solidarität und grenzüberschreitender Gemeinschaft, der zur Freude befreit. Seine Abschiedsreden hatte Jesus mit dieser Zusage, diesem Trost, dieser Verheißung abgeschlossen: „Das alles *habe ich euch gesagt, damit ihr bei mir Frieden findet. In dieser Welt müsst ihr Leid und Schmerz aushalten. Aber verliert nicht den Mut: Ich habe diese Welt besiegt!"* (Johannes 16,33)

20 Nach diesen Worten zeigte er ihnen seine Hände und seine Seite. Die Jünger waren voll Freude, weil sie den Herrn sahen.

Jesus zeigt seinen Jüngern seine Wundmale.

Der Auferweckte ist derselbe wie der Gekreuzigte.

Oder anders: Die Leidensgeschichte Jesu ist nicht einfach passé.

Sie gehört zu ihm, so wie unsere Ängste, unsere Wunden bzw. Verwundungen, griechisch: unsere Traumata, zu uns gehören.

Die Jünger, wir erkennen: Der Auferstandene ist in Wahrheit ein bleibend Traumatisierter.

Aber ihn so zu schauen bedeutet gleichzeitig auch Freude, weil mit ihm die Hoffnung auf Überwindung des Leids, auf Heilung der Wunden und das Trocknen der Tränen lebendig ist – und vor allem: bei Gott präsent ist und damit auch die Hoffnung auf Gerechtigkeit lebt.

21 Jesus sagte noch einmal: Friede sei mit euch! Wie mich der Vater gesandt hat, so beauftrage ich jetzt euch!

Mit dem Zuspruch des Friedens, der so viel mehr ist als wir begreifen können, der trotz bzw. gerade wegen des erfahrenen Schmerzes für Versöhnung streitet, werden die Jünger, wird die Gemeinde aller Zeiten hinausgesandt.

Diesen Frieden Christi weiterzutragen ist Auftrag der Gemeinde.

Sich nicht zurückzuziehen und zu verschließen, sondern sich befreien zu lassen von allen Vorbehalten und Vorurteilen, auch auf die Gefahr von Verwundungen hin für das Glück und das Wohlergehen aller einzutreten, das zu vertreten sind wir als Leib Christi, als Kirche gesandt.

Und dafür bekommen die Jüngerinnen und Jünger, bekommen wir eine besondere Kraft:

22 Dann hauchte er sie an und sagte: Empfangt den Heiligen Geist!

Spontan denke ich: Das geht ja gerade gar nicht!

Aber dann entdecke ich, dass das zugrundeliegende griechische Wort nur noch ein weiteres Mal in der Bibel erscheint:

Nachdem Gott aus Tonerde den Menschen geformt hat, bläst er den Lebensodem in seine Nase und macht ihn so zu einem lebendigen Wesen.[135]

Das erinnert mich an die lebensrettende Mund-zu-Mund-Beatmung, drastischer noch: an die an einer Beatmungsmaschine hängenden COVID-19-Patienten.

Vielleicht sagt uns dieser für das Pfingstfest 2020 vorgesehene Predigttext genau das:

Wir haben Gottes und Christi Lebensodem nötig, wir brauchen seinen Heiligen Geist mehr denn je – nicht nur um leben, bzw. überleben zu können, sondern, und das ist hier gemeint, um neu geschaffen, wiederbelebt, auferweckt zu werden.

„Vertraut den neuen Wegen, auf der Herr uns weist... Der uns in frühen Zeiten das Leben eingehaucht, der wird uns dahin leiten, wo er uns will und braucht." (EG 395,2)

Denn mit dem Empfang des *Heiligen Geistes* ist eine Aufgabe verbunden:

23 Wem ihr seine Schuld vergebt, dem ist sie wirklich vergeben. Wem ihr sie aber nicht vergebt, dem ist sie nicht vergeben.

Vergebung, Versöhnung, Friede – das sollen die Jüngerinnen und Jünger, sollen wir der Welt, unserer Welt bringen und zusprechen.

Das erinnert mich an die Sendung der Jünger durch Jesus, wie sie der Evangelist Lukas erzählt:

Jesus gibt dort den Jüngern mit: Wo sie euch aufnehmen, wo ihr wirken könnt, da wird der Friede, den ihr mitbringt, einkehren. Wo sie euch dagegen abweisen, ignorieren, da geht weiter – und der Friede wird sich von dort abwenden, wird mit euch weiterziehen.[136]

Da ist sie wieder: Die Weltverantwortung der Gemeinde, der Christinnen und Christen.

Wendet euch der Welt zu, seid für die Menschen da und mit ihnen unterwegs, sprecht ihnen den Frieden zu, heilt ihre Traumata, vergebt, wie euch vergeben ist – das ist das Erste.

Doch wenn diese Botschaft der Versöhnung nicht gebraucht wird, dann geht, denn – ja – irgendwann, rechtzeitig, muss auch STOPP gesagt werden, und sie wird mit euch gehen, dorthin, wo man euch hören will.

Denn zuerst und zuletzt gilt: „Gott will, dass ihr ein Segen für seine Erde seid." (EG 395,2)

Hier bin ich! Sende mich!¹³⁷

Geheimnisse der Geschichte, Mysterien der Menschheit oder des Weltalls, Geheimnisvolle Orte – überall geheimnist es in den Programmen der Fernsehprogramm-Anbieter.

Oft genug meint das aber nur ein Rätsel: ein Problem, das bzw. eine Frage, die gelöst werden soll und im Verlaufe der Sendung auch gelöst wird.

Ja, selbst in den Beiträgen, wo am Ende festgestellt wird, dass trotz aller Erkenntnisse und neuer Einsichten doch nur noch mehr Fragen bleiben, geht es letztlich um Rätsel, nach deren Lösung weiter gesucht, geforscht werden muss.

Wie in der aktuellen Krise das verursachende Virus noch in vielem rätselhaft ist und es wohl auch noch für eine Weile bleiben wird. Dennoch geht die Forschung mit Hochdruck weiter, ist das Ziel die Ent-Rätselung und letztlich die weitgehende Beherrschbarkeit der Krankheit.

Ein Geheimnis, ein Mysterium hat noch einen anderen Charakter:
Selbst wenn bei einem Geheimnis alles auf dem Tisch läge, also offenbar wäre, entzöge es sich doch dem rationalen menschlichen Zugriff.

Es ist da, mit den Sinnen wahrnehmbar – und doch haben wir es nicht, und schon gar nicht haben wir es in der Hand.

Geheimnisse sind größer, tiefer, berühren mehr und andere Dimensionen, als sie dem wissenschaftlich-schöpferischen Geist zugänglich sind.

Offenbarung, also Einsicht ins Mysterium, ist Gnade, also Gabe.

Das trifft schon auf Geheimnisse zu, die Freundinnen oder Freunde miteinander teilen, das trifft aber insbesondere auf göttliche Mysterien zu.

Dem Propheten Jesaja wird Mitte der dreißiger Jahre des 8. Jahrhunderts vor Christi Geburt so eine Einsicht in göttliche Geheimnisse gewährt.

1 In dem Jahr, als der König Usija starb, sah ich den Herrn sitzen auf einem hohen und erhabenen Thron und sein Saum füllte den Tempel.

2 Serafim standen über ihm; ein jeder hatte sechs Flügel: Mit zweien deckten sie ihr Antlitz, mit zweien deckten sie ihre Füße und mit zweien flogen sie.

3 Und einer rief zum andern und sprach: Heilig, heilig, heilig ist der HERR Zebaoth, alle Lande sind seiner Ehre voll!

4 Und die Schwellen bebten von der Stimme ihres Rufens und das Haus ward voll Rauch.

5 Da sprach ich: Weh mir, ich vergehe! Denn ich bin unreiner Lippen und wohne unter einem Volk von unreinen Lippen; denn ich habe den König, den HERRN Zebaoth, gesehen mit meinen Augen.

6 Da flog einer der Serafim zu mir und hatte eine glühende Kohle in der Hand, die er mit der Zange vom Altar nahm,

7 und rührte meinen Mund an und sprach: Siehe, hiermit sind deine Lippen berührt, dass deine Schuld von dir genommen werde und deine Sünde gesühnt sei.

8 Und ich hörte die Stimme des Herrn, wie er sprach: Wen soll ich senden? Wer will unser Bote sein? Ich aber sprach: Hier bin ich, sende mich!

(Jesaja 6,1-8)

Jesaja ist, wie sonst auch, zu einem der Feste im Jerusalemer Tempel. Alles ist wie immer: die Kohlen glühen auf dem Altar, der Rauch der aufgelegten Weihrauchstücke steigt empor, zu einem Gott, von dem es kein Bild, keine Darstellung gibt, der unsichtbar und fern ist.

Und der Chor der Tempelsänger stimmt, wie gewöhnlich, den Lobgesang zur Ehre Gottes an.

Auf einmal wird alles anders, Begrenzungen lösen sich auf, Dimensionen fließen ineinander.

Jesaja „weiß": Gott ist gegenwärtig, ER thront, der Saum seines Mantels füllt den Tempel. Und der Gesang kommt von gewaltigen geflügelten Wesen: *Heilig, heilig, heilig ist der HERR Zebaoth, alle Lande sind seiner Ehre voll!*

Vielleicht spüren wir, wie Worte hier zu versagen scheinen.

Jesaja schaut allein den hervorbrechenden Lichtglanz der Herrlichkeit Gottes, hört ihn im Gesang der Serafen – doch beides vergeht: die Fundamente des Tempels beben und Rauch steigt auf: „Schöpfer, wie kommst du uns Menschen so nah." (EG 66,1)

In diesem Licht erkennt Jesaja, wer er ist: Wie weit entfernt von Gott er und sein Volk sind: *Weh mir, ich vergehe! Denn ich bin unreiner Lippen und wohne unter einem Volk von unreinen Lippen; denn ich habe den König, den HERRN Zebaoth, gesehen mit meinen Augen.*

Da ist nichts mehr, was vor Gott verborgen sein könnte bzw. ist: Trotz aller moralischen Rechtschaffenheit – er bzw. sie hat nichts Böses getan, heißt das in Trauergesprächen – wird die grundsätzliche Störung in der Beziehung zu Gott aufgedeckt.

Jesaja redet von „unreinen Lippen".

Die Lippen sind die Außenseite des Herzens und stehen pars pro toto für den ganzen Menschen. Und es ist wohl kein Zufall, dass hier die Lippen als Teil für das Ganze genannt sind, kommt doch das Menschliche am eindeutigsten in der Sprache zum Ausdruck.

Nicht von ungefähr redet man beispielsweise schon von „Ruf-Mord".

Die Saat des Hasses und der Gewalt, die überall gegenüber Mensch und Natur aufgeht, ist gesät worden und wird gesät durch Worte und Reden, in denen andere und anderes verächtlich gemacht, zu Dingen degradiert oder in ihrer Wahrhaftigkeit verleumdet werden.

Jesaja erfährt etwas Wunderbares und Erschreckendes zugleich: Alles, was ihn von Gott trennt, wird, wieder pars pro toto, von seinen Lippen weggenommen, wird wie mit glühender Kohle ausgebrannt.

In den Liturgien der orthodoxen Kirchen wird in der Regel das in den Kelch getauchte Abendmahlsbrot mit einem Löffel den Gläubigen zur Kommunion gereicht. Dieser Löffel und das auf ihm liegende Brot werden als Zange und glühende Kohle gedeutet.

Gott reinigt, ER entsühnt: Jesaja aber auch uns, ER bereitet Menschen vor, um das Wort der Wahrheit, Worte des Lebens den Menschen sagen zu können.

Jesaja weiß: für ihn ist nichts mehr wie es vorher war.

Er weiß: Künftig muss ich von Gott sprechen, ob ich will oder nicht, ob es jemand hört bzw. hören will oder nicht.

Jesaja wird zum Propheten, zum Künder einer unbequemen aber wahren Botschaft Gottes an die Menschen seines Volkes.

Jesaja erfährt: Gott ist nicht fern, so dass wir unberührt und ungerührt unseren Geschäften nachgehen können.

Gott hält sich nicht aus dem Leben heraus, ER will Teil desselben sein.

Gott lässt sich nicht einfach und bequemerweise an Orte oder Riten binden, seine Fülle übersteigt und durchdringt alles.

Die Serafen jubeln es laut hinaus: *Alle Lande sind seiner Ehre* und Herrlichkeit *voll*.

Wir singen es in unseren Abendmahlgottesdiensten, verkünden damit und dort: Gott entzieht sich dieser Welt nicht, ER erhält sie, steht trotz bzw. in allen Katastrophen treu zu ihr, zu uns.

Vielleicht erahnen sie, was uns und unserer Welt fehlt, wenn diese Worte verstummen, wenn das, was uns von Gott trennt, nicht mehr ausgebrannt, geheilt werden kann.

Uns schwindet das Geheimnisvolle, das Unfassbare unserer Welt, unseres Lebens; die Ahnung davon, dass nicht alles beherrschbar und kontrollierbar ist.

Uns schwindet das Wissen darum, dass Leben bunt und vielfältig ist, nicht eindeutig und einfach.

Wir verlieren das Gespür dafür, dass wir Menschen sind, unvollkommen, vorläufig.

Wir vergessen, dass wir nicht aus uns selbst, sondern von einem anderen, ganz anderen her und zu ihm hin leben; dass unser Leben Geschenk, Gabe ist und wie jede Gabe auch eine Aufgabe darstellt, dass ich / wir eine Verantwortung haben.

Wir leben aus einer Fülle, die größer ist, als wir fassen können und wir haben eine Verantwortung für die Fülle und Vielfalt, die uns gegeben ist.

Und ich hörte die Stimme des Herrn, wie er sprach: Wen soll ich senden? Wer will unser Bote sein? Ich aber sprach: Hier bin ich, sende mich!

Das Leben siegt[138]

„Wie solidarisch sind wir noch?", fragt die ZEIT in ihrer aktuellen Ausgabe.[139]

Das ist jedoch nicht nur ein aktuelles Problem – wer sich wie durchsetzt oder eben auch nicht, wie Menschen miteinander umgehen bzw. wie das Verhältnis von denen, die haben und den Besitzlosen zu regeln ist, wie Macht und Besitz so ausbalanciert werden können, dass es nicht zur Spaltung zwischen denen da oben und „uns" Abgehängten hier unten kommt.

Dieses Problem steht schon am Beginn der sogenannten Zivilisation, dem Prozess der Sesshaftwerdung, der Ausbreitung der Landwirtschaft, die mit all ihren Konsequenzen zur Unterscheidung von Habenden / Besitzenden und Besitzlosen führte.

Eine Geschichte vom Anfang der Bibel beschäftigt sich mit dieser Frage. Es ist die Ur-Geschichte von Kain und Abel aus 1. Mose 4.

Wir meinen, sie zu kennen und erzählt ist sie ja auch schnell.

Aber, wie so oft, lohnt der genaue, langsame Blick:

1 Und Adam erkannte seine Frau Eva, und sie ward schwanger und gebar den Kain und sprach: Ich habe einen Mann gewonnen mithilfe des HERRN. 2 Danach gebar sie Abel, seinen Bruder. Und Abel wurde ein Schäfer, Kain aber wurde ein Ackermann.

Es beginnt mit einem klassischen Geschwisterkonflikt bzw. einem Familienproblem, das wir alle irgendwo und irgendwie kennen.

Da gibt es den Erstgeborenen, dem alle Aufmerksamkeit gilt, seine Namensgebung wird eigens erzählt. Heute gibt es für ihn / sie die meisten gemachten und irgendwo gesammelten / gespeicherten Bilder. Und dann gibt es schließlich auch noch das zweite Kind.

Und so wird der erste, Kain, Ackerbauer, bekommt also den (ganzen) Landbesitz Adams und Abel den Rest, was übrigbleibt, das Kleinvieh.

Schaut man auf den Fortgang der Geschichte, dann benimmt sich Kain wie der, der weiß bzw. meint zu wissen, dass ihm alles zukommt: Aufmerksamkeit, Besitz, Macht, Liebe – von den Eltern sowieso, aber eben auch von der Gottheit.

Und Abel, der Hauch, der Nichts, wie sein Name lautet?

Er bleibt merkwürdig blass und blutleer, bleibt unten – wortwörtlich.

3 Es begab sich aber nach etlicher Zeit, dass Kain dem HERRN Opfer brachte von den Früchten des Feldes.

4 Und auch Abel brachte von den Erstlingen seiner Herde und von ihrem Fett. Und der HERR sah gnädig an Abel und sein Opfer,

5 aber Kain und sein Opfer sah er nicht gnädig an. Da ergrimmte Kain sehr und senkte finster seinen Blick.

Ein klassischer Fall von Kränkung des aufgeblasenen Egos.

Der Höchste, Gott, spielt auf einmal nicht mehr mit.

ER sieht Abels Opfer; ER übersieht das des Kain.

Warum, das wird hier nicht gesagt; das hat nichts mit der Art der Opfergaben zu tun, da gibt es kein besser oder schlechter, mehr oder weniger.

Es ist einfach so.

Auf einmal sitzt der Kleine auf dem privilegierten Schoß des Vaters - und ich denke, wir kennen die Reaktion von Kindern, von denen, die bisher dieses Vorrecht besaßen.

Kinder, Eltern, Menschen müssen lernen, dass und wie hier ein Ausgleich geschaffen werden kann; dass Privilegien eine Gabe sind, und damit eben immer auch eine Aufgabe, eine vor allem auch soziale Verantwortung beinhalten.

Kain dagegen reagiert, wie wir es kennen: in ihm steigt Hitze auf und er senkt finster seinen Blick, er bricht den Kontakt, die Kommunikation ab.

Gott aber schreitet ein:

6 Da sprach der HERR zu Kain: Warum ergrimmst du? Und warum senkst du deinen Blick?

7 Ist's nicht so: Wenn du fromm bist, so kannst du frei den Blick erheben. Bist du aber nicht fromm, so lauert die Sünde vor der Tür, und nach dir hat sie Verlangen; du aber herrsche über sie.

So übersetzt die Lutherbibel und ähnlich auch die anderen mir bekannten Übersetzungen.

Neuere exegetische Erkenntnis[140] führt zu einer etwas anderen Übertragung, die ein ganz anderes Licht auf Kain und Abel wirft:

„Bedeutet es nicht Erheben, wenn du es gut sein lässt? Wenn du es aber nicht gut sein lässt, lagert er (gemeint ist Abel) als Öffnung / Tür zur Sünde, denn dir gilt sein Verlangen, du aber willst über ihn herrschen."

Gott versucht Kain klarzumachen, wie sehr sich Abel danach sehnt, zu sein wie er, einmal <u>die</u> Aufmerksamkeit zu bekommen, die ihm sonst vom Bruder, vielleicht auch von den Eltern, versagt bleibt.

Von Gott hat Abel sie jetzt bekommen; und Gott sagt zu Kain: Lass es gut sein, so wie es ist, du hast doch schon alles, du kannst doch darüber stehen, gib dich zufrieden, denn wenn du nach mehr strebst, nach der ganzen / totalen Macht, überschreitest du die Schwelle zur Sünde bzw. du lässt sie in dir Wohnung nehmen.

Kain hört nicht, er geht mit seinem Bruder aufs Feld – was dort im Einzelnen geschieht, bleibt offen. Am Ende ist Abel tot.

Und merkwürdigerweise taucht Gott erst jetzt, als alles zu spät ist, wieder auf, fragt Kain nach seinem Bruder, erhält eine höhnische Antwort:

9b Soll ich meines Bruders (des Hirten) *Hüter sein?*

Jetzt wird Gott grundsätzlich und macht sehr deutlich, dass jedes Leben ihm gehört; dass es niemandem zusteht, einfach so Blut zu vergießen, einen anderen zu töten oder seinen Tod billigend in Kauf zu nehmen.

Gott will Leben, will, dass Menschen leben können und andere leben lassen, ihnen Leben ermöglichen.

Diesem Zweck gilt auch das von Gott gegebene sogenannte Kainsmal: Was auch immer es ist, es dient dem Schutz des Mörders vor der Blutrache.

Seine Strafe allerdings muss Kain auf sich nehmen, indem er fortgeschickt wird vom Acker, fort in das Land Nod, das bedeutet: Unruhe / Unstetigkeit, jenseits von Eden.

Aber noch ist die Geschichte nicht zu Ende:

25 Adam erkannte abermals seine Frau, und sie gebar einen Sohn, den nannte sie Set; Denn Gott hat mir, sprach sie, einen andern Sohn gegeben für Abel, den Kain erschlagen hat.

26 Und auch dem Set wurde ein Sohn geboren, den nannte er Enosch. Zu der Zeit fing man an, den Namen des HERRN anzurufen.

Es gibt „Ersatz" für Abel und wieder ist es Eva, die den Namen gibt. Und sie protestiert mit dem Namen ihres dritten Sohnes gegen die Übermacht des Stärkeren; dagegen, dass quasi automatisch Macht und Besitz obenauf liegen.

Das Schreien von vergossenem Blut wird gehört. Kein Opfer, keiner der „Verdammten dieser Erde" ist vergessen.

Kain wird nicht allein überleben, er muss sich seiner Geschichte stellen, muss lernen, mit dem Bruder, mit der Schwester umzugehen, muss lernen, seine Verantwortung für den Nächsten an- und wahrzunehmen.

Und so nennt Eva ihren dritten Sohn: Set, auf Deutsch: „Setzling" oder plastischer „Stellvertreter" (für den Ermordeten).

Eva gibt ihrer bzw. der Hoffnung Ausdruck, dass es neue, andere Wege des Lebens und Zusammenlebens gibt, dass letztlich das Leben siegt, die Solidarität.

Und genau das – die Hoffnung auf den Sieg des Lebens und der Liebe – stellen wir mit jeder Taufe dar: Denn jeder Täufling wird durch die Taufe mit dem Schicksal Jesu verbunden.

Wir sind als Getaufte in die Spur eines Ermordeten gestellt, zu dem sich Gott bekannt hat, indem er ihn auferweckt und erhöht hat.

Jeder, der hier mit Jesus verbunden wird, ist ein Zeichen dafür, dass das Leben siegt, ist ein Zeichen des Protestes gegen die scheinbare Übermacht von Macht, Lüge und Gewalt.

Zuversichtlich glauben[141]

1 Bewahre mich, Gott; denn ich traue auf dich. /
2 Ich habe gesagt zu dem HERRN: Du bist ja der Herr!
Ich weiß von keinem Gut außer dir.
3 An den Heiligen, die auf Erden sind,
an den Herrlichen hab ich all mein Gefallen.
4 Aber jene, die einem andern nachlaufen, werden viel Herzeleid haben.
Ich will das Blut ihrer Trankopfer nicht opfern noch ihren Namen in meinem
Munde führen.
5 Der HERR ist mein Gut und mein Teil;
du hältst mein Los in deinen Händen!
6 Das Los ist mir gefallen auf liebliches Land;
mir ist ein schönes Erbteil geworden.
7 Ich lobe den HERRN, der mich beraten hat;
auch mahnt mich mein Herz des Nachts.
8 Ich habe den HERRN allezeit vor Augen;
er steht mir zur Rechten, so wanke ich nicht.
9 Darum freut sich mein Herz, und meine Seele ist fröhlich;
auch mein Leib wird sicher wohnen.
10 Denn du wirst meine Seele nicht dem Tode lassen
und nicht zugeben, dass dein Heiliger die Grube sehe.
11 Du tust mir kund den Weg zum Leben:
Vor dir ist Freude die Fülle
und Wonne zu deiner Rechten ewiglich.

(Psalm 16,1-11)

Konfirmation in Corona-Zeiten; Fotos nur mit Abstand und Mundschutz, Gottesdienst mit begrenzter Zahl und Feier im kleineren Kreis, aber wir feiern Konfirmation.

Denn wenn wir nicht inzwischen eine ganze Menge gelernt hätten über Sars-COV-2 und ein bisschen verinnerlicht hätten, wie wir mit COVID-19 so umgehen können, dass Risiken verringert werden (AHA), hätte ich bei den aktuellen Zahlen (im Vergleich zu denen von Mitte März) schon letzte Woche absagen bzw. sagen müssen: Konfirmand*in und Eltern und Schluss!

Aber die eine (große) Enttäuschung hat gereicht.

Denn es ist ja noch länger nicht normal, diese dauernde Unsicherheit,
- was geht und was nicht,
- mit wem darf ich mich wie treffen,
- ohne oder doch lieber mit Maske,
- Abstand sowieso, oder vielleicht doch auch mal nicht,
- selbst in der (erweiterten) Familie ist man alles, aber nicht unbedingt sicher?

Was macht diese Krisensituation mit eurem / unserem Glauben?

Wie anders kommt (vordergründig) der 16. Psalm[142], einer der für heute vorgeschlagenen Predigttexte, daher!

Ich traue auf dich… Ich weiß von keinem Gut außer dir… Du tust mir kund den Weg zum Leben: Vor dir ist Freude die Fülle und Wonne zu deiner Rechten ewiglich.

Der Psalmist unterstreicht mit einem Strauß von Sprachbildern, die vom Vertrauen auf Gott, seiner Treue zu dem Beter / der Beterin, von der Gabe eines großen Reichtums, bis hin zum irrelevant gewordenen

Tod, sprechen, ja schwärmen, die tragende und bergende Erfahrung einer geradezu mystischen Gottesnähe:
Gott bietet sich dem Menschen, seinen Menschen an.
ER wird gepriesen als Quelle des Lebensglücks und als Weg des Lebens.
Auf IHN vertrauen, an und in IHM bleiben bedeutet umgreifenden Schalom (Wohlergehen) zu erfahren.

Ja, das möchte ich euch gerne mitgeben:
Der Glaube, von dem heute – aber nicht erst heute - die Rede ist, bedeutet weniger ein Wissen von Inhalten, das auch, sondern vielmehr und zuallererst ein grundlegendes, tiefes Vertrauen auf den, der in Christus Ja zu jedem von uns gesagt hat: Ich glaube an Gott, den Vater, meinen Schöpfer.
Es ist ein Vertrauen auch darauf, dass der von IHM gesteckte Rahmen einen guten, das Leben mit Sinn und Zufriedenheit erfüllenden Weg ermöglicht: Ich glaube an Jesus, den Christus, meinen Heiland.

„Vertraut den neuen Wegen,
auf die uns Gott gesandt!
Er selbst kommt uns entgegen.
Die Zukunft ist sein Land.
Wer aufbricht, der kann hoffen
in Zeit und Ewigkeit.
Die Tore stehen offen.
Das Land ist hell und weit." (EG 395,3)

Doch solche Lieder und Psalmen des Vertrauens verklären nicht einfach einen – wahrscheinlich selten genug erreichbaren – Zustand, son-

dern sie ringen vielmehr darum, solche Zuversicht, solches Grund-
vertrauen zu erlangen.

In unserer von Zweifel und Anfechtung und Auseinandersetzung um
den Sinn des Glaubens durchtränkten Welt machen diese Lieder uns
das Angebot eines in Gott geborgenen, von IHM getragen und in
IHM sein Ziel findenden Lebens.

Die Realität wird in diesem überschwänglich klingenden Psalm nicht
einfach ausgeblendet.

Bewahre mich, Gott, bittet der Beter / die Beterin als allererstes.

Und weiter bekennt er, dass Gott ihn mahnt; dass sie deshalb nicht
wankt, weil Gott neben ihr steht und sie stützt.

Er bezeugt, wie wichtig ihm die Gemeinschaft der Heiligen, das Mit-
und Füreinander der gottgläubigen Menschen, ist.

Denn der Reiz fremder Götter, die Versuchung des Neuen, das auf eine Anpassung des Gottesglaubens an den Zeitgeist drängt, war und
ist immer präsent.

Und der Tod in seiner sozialen und leiblichen Realität steht ebenfalls
drohend im Raum.

Bewahre mich, Gott; denn ich traue auf dich. Ich habe gesagt zu dem
HERRN: Du bist ja der Herr! Ich weiß von keinem Gut außer dir... Du tust
mir kund den Weg zum Leben: Vor dir ist Freude die Fülle und Wonne zu
deiner Rechten ewiglich.

Das ist der Cantus firmus, das grundlegende Bekenntnis zu Gott als
einem ansprechbaren Du, dem ich vertrauen kann wie ich Vater und
Mutter vertrauen können sollte, mehr noch: wie ich dem geliebten
Menschen vertraue.

ER, Gott, durch Jesus mein Vater / meine Mutter, ist das Du, durch das Ich bin.

„Du bist alles, was ich habe auf der Welt
Du bist alles, was ich will
Du, du allein kannst mich versteh'n
Du, du darfst nie mehr von mir geh'n" (Peter Maffay, Du)[143]

Die Nähe solcher (Ohrwurm-)Lyrik zu dem, was der Psalmist singend bekennt, kommt nicht von ungefähr.

Was das In-Gott-Sein und Gott-in-mir-Sein bedeutet, wird dann mit verschiedenen Bildern ausgemalt:
- Da geht es um Landverteilung durch ein Losverfahren: *ein liebliches Land* und *ein schönes Erbteil* sind dem Beter zugefallen. Damals (aber nicht nur damals) Grundlage für ein reiches, erfülltes Leben, ein geachtetes Leben in Würde.
- Und wem Gott so zum Lebensraum geworden ist, wer von Gott her lebt, der lebt auch für IHN, dem ist, was ER als Rat und Weisung gibt, Norm und Regel, so dass ER ihm wie ein Schildträger zur Rechten steht, ihn schützt und bewahrt vor Angriffen und Anfeindungen.
- Vor allem aber ist ER ihm / ihr Schutz vor dem Schrecken und der Macht des Todes.
„Gott ist Liebe, und wer in der Liebe bleibt, der bleibt in Gott und Gott in ihm" (1. Johannes 4,16), hier und jetzt und für immer.

Das ist die Einladung, an euch – heute noch einmal besonders.
Den entscheidenden Schritt des oft gegen den unmittelbaren Augenschein vertrauenden Glaubens müsst ihr selber machen.

Den Schritt, der damit rechnet, dass unserem, eurem Gott nichts unmöglich ist und dass euer Leben, dass Alles, was euch begegnet bzw. widerfährt, letztlich umfangen ist von Gottes Macht.

Ich muss offen sein, für Gottes Anruf, um den Weg zu betreten, der mich ich weiß nicht wohin führen wird.

> „Die Straße gleitet fort und fort,
>> Weg von der Tür, wo sie begann,
> Weit überland, von Ort zu Ort,
>> Ich folge ihr, so gut ich kann.
> Ich lauf ihr raschen Fußes nach,
>> Bis sie sich groß und breit verflicht
> Mit Weg und Wagnis tausendfach.
>> Und wohin dann? Ich weiß es nicht."[144]

Bilbo Beutlin bei seinem letzten Aufbruch nach Bruchtal.

Ihr könnt damit rechnen, dass Gott, dem ihr in Christus zugehört, es gut mit euch meint.

ER ist euch zur Seite, nur einen Herzschlag, einen Atemzug entfernt, *„alle Tage, bis an der Welt Ende"* (Matthäus 28,20b).

Und, wenn ihr ihn bittet, will ER euch genau dann genau die Kraft geben, die ihr für euren Weg braucht.

Brot für die Welt[145]

1 Zu der Zeit, als wieder eine große Menge da war und sie nichts zu essen hatten, rief Jesus die Jünger zu sich und sprach zu ihnen:

2 Mich jammert das Volk, denn sie harren nun schon drei Tage bei mir aus und haben nichts zu essen.

3 Und wenn ich sie hungrig heimgehen ließe, würden sie auf dem Wege verschmachten; denn einige sind von ferne gekommen.

4 Seine Jünger antworteten ihm: Woher nehmen wir Brot hier in der Einöde, dass wir sie sättigen?

5 Und er fragte sie: Wie viele Brote habt ihr? Sie sprachen: Sieben.

6 Und er gebot dem Volk, sich auf die Erde zu lagern. Und er nahm die sieben Brote, dankte, brach sie und gab sie seinen Jüngern, dass sie sie austeilten, und sie teilten sie unter das Volk aus.

7 Sie hatten auch einige Fische; und er sprach den Segen darüber und ließ auch diese austeilen.

8 Und sie aßen und wurden satt. Und sie sammelten die übrigen Brocken auf, sieben Körbe voll.

9 Es waren aber etwa viertausend; und er ließ sie gehen.

(Markus 8,1-9)

Erntedank – an einem besonderen Ort[146], der im Blick auf das, was wir heute feiern: das Bebauen und Bewahren, den Zyklus von Aussaat, Wachsen und Ernte, auch wieder nicht so besonders ist.

„Aller Augen warten auf dich, Herr; und du gibst ihnen ihre Speise zur rechten Zeit", lautet das Motto für das Erntedankfest aus dem 145. Psalm[147]. Wir danken heute (und hoffentlich nicht nur heute) für das, was wir täglich benötigen, was uns leben lässt, aber mehr noch: für

das, was uns Freude am und im Leben schenkt.

Welchen Reichtum uns die Schöpfung bietet – trotz aller Probleme, die sich nach dem dritten Dürresommer ja auch auftun - das wird uns mit den Gaben, die ja nur einen kleinen, wenn auch prächtigen Ausschnitt darstellen, vor Augen geführt.

Das ist das eine und es soll auch an erster Stelle stehen.

Zu dem heutigen Arrangement gehört aber auch dieses grüne Kreuz, Symbol einer im letzten Jahr initiierten Aktion[148] – nicht unumstritten, ich weiß – aber doch erinnernd an die Probleme, der sich die Landwirte von verschiedenen Seiten ausgesetzt sehen, an denen wir als Verbraucherinnen und Verbraucher durch unsere Ansprüche an Lebensmittel und unseren Umgang mit ihnen nicht unbeteiligt sind.

Einmal im Jahr Beifall klatschen hilft nicht, um davon leben zu können – und die Pandemie hat bereits Schlaglichter auf bestimmte Bereiche unseres Umgangs mit der Erzeugung bzw. Produktion von Lebensmitteln, bedingt auch durch unsere Anforderungen und Ansprüche, geworfen.

Wenn wir also an einem Danktag wie diesem einen Schritt zurücktreten, merken wir hoffentlich, welche Entscheidungen wir Tag für Tag treffen bzw. treffen könnten:

Was sind uns unsere Lebensmittel wert?

Was ist uns unser „täglich Brot" wert?

Wie gehen wir mit Pflanzen und Tieren um?

Und wir stecken durchaus in einem Dilemma fest:

Denn auf der einen Seite müsste der Preis für viele Lebensmittel, wenn er denn so angemessen sein soll, dass die Erzeuger - bei uns wie in den Ländern der südlichen Hemisphäre - davon leben können, erheblich höher sein. Auf der anderen Seite träfe das wieder gerade die, die jetzt schon kaum über die Runden kommen.

Erntedank hat neben seiner geistlichen bzw. theologischen auch eine soziale und politische Bedeutung.

Das Evangelium des Erntedankfestes aus Markus 8 scheint damit zunächst wenig zu tun zu haben. Es ist die weniger bekannte und oft auch verkannte Erzählung von der „Speisung der 4000". Diese Geschichte ist nicht einfach nur eine Wiederholung der geläufigeren „Speisung der 5000", sondern sie hat ihre eigene verschlüsselte Botschaft. Hinweise geben vor allem die relativ häufigen Zahlenangaben. Denn Zahlen weisen für die Alten auf eine andere Wirklichkeit und Wahrheit hin. In der Antike war die symbolische Bedeutung von Zahlen allgegenwärtig. Was verbirgt sich hinter der 3, der 7 und den 4000?

Aus dem Kontext ist ersichtlich: Jesus hält sich in einem Gebiet mit einer jüdisch-heidnischen Mischbevölkerung auf. Unter seinen Zuhörern waren demnach sehr wahrscheinlich auch Menschen nichtjüdischer Herkunft: Araber, Griechen, Syrer, Phönizier, Römer und manch andere.

Drei Tage hatte Jesus all diesen Menschen von Gott erzählt.

Die 3 ist für Christen die Zahl, die das Geheimnis Gottes als des Dreieinigen, als Vater, Sohn und Heiliger Geist, beschreibt. Allen Menschen, Juden und jetzt auch den Nichtjuden wird das Geheimnis Gottes verkündigt, wird die Fülle des Glaubens zuteil.

Für Jesus aber gehört im Glauben beides zusammen: das Spirituelle bzw. Geistliche, Göttliche und das Irdische, Materielle.

Und so ruft Jesus seine Jünger zusammen und legt ihnen das Problem der Versorgung all dieser Menschen, die so lange bei ihm ausgeharrt haben, vor.

Die Jünger reagieren, was nach der bereits erlebten Speisung der 5000 erstaunlich ist, mit Unverständnis: *Woher sollen wir Brot nehmen, um all diese Menschen hier in der Wüste satt zu bekommen?*

Was, verschlüsselt, auch besagen kann: Sollen wir uns etwa um all diese Fremden, diese Heiden kümmern?

Durch das, was Jesus nun tut bzw. in Gang setzt, macht er seinen Jüngern klar: Ja, ihr sollt!

Sieben Brote haben sie oder können sie auftreiben.

Jesus lässt die Menschen sich lagern. Dann nimmt er die sieben Brote, spricht das Dankgebet, bricht sie und lässt die Jünger austeilen - und dasselbe mit einigen Fischen. Und nachdem alle satt sind, werden die Reste eingesammelt, sieben Körbe voll.

Nach biblischem Verständnis ist 7 die Zahl der Vollkommenheit.

Sieben Tage dauerte die Schöpfung, sieben Tage hat die Woche, sieben Bitten enthält das Vaterunser, und sieben beträgt nach jüdischer Auffassung die Zahl der sogenannten noachidischen Gebote, Grundregeln, die für alle Menschen, gleich welchen Glaubens und welcher Herkunft, gelten sollen.

Göttliches (3) und Irdisches (4) kommen in der 7 zusammen.

Gottes Schöpfung, Gottes Welt kann alle ernähren.

Gott gibt der Welt genug, mehr als genug, wenn es nur mit Dank empfangen und angemessen verteilt wird.

4000, das heißt: 4 mal 1000 Menschen, waren zusammen.

Eine große Zahl aus allen vier Himmelsrichtungen, aus allen Völkern.

182

Juden und Nichtjuden, Menschen aller Schichten waren gekommen und werden satt, geistlich und körperlich.

Der Evangelist Markus erzählt von Grenzüberschreitungen: Nachdem Jesus sich zuerst den Menschen seines eigenen Volkes zugewandt hatte, durchbricht er jetzt entschlossen diese ethnische und religiöse Grenze. Die gute Nachricht, die Jesus zu verkündigen hat, gilt allen Menschen, denn der Gott Israels, der wahre Gott, ist Schöpfer und Erhalter der Welt und aller Menschen und Völker in ihr.

Die nach dem Zeugnis der Bibel bisher vor allem Israel geltende Fürsorge Gottes wird hier entschlossen entgrenzt.

Brot für die Welt - wobei Brot als das Grundnahrungsmittel schlechthin alles das symbolisiert, was zum Leben notwendig ist. Denn der Mensch lebt ja nicht vom Brot allein, sondern von einem jeden Wort, das aus dem Munde Gottes kommt![149]

Alle erhalten so viel, dass sie satt werden - und trotzdem bleiben noch Brocken übrig, die in sieben Körbe gesammelt werden.

Nichts soll umkommen, vielleicht soll signalisiert werden, dass die, die jetzt satt wurden, denen weitergeben sollen, die nicht da waren, die nicht kommen konnten.

Und ich denke, die Formulierungen erinnern nicht umsonst an die Praxis des Abendmahls: Und er nahm die (7) Brote, dankte und brach sie und gab sie seinen Jüngern, damit sie sie austeilten.

In der orthodoxen Kirche gibt es die Tradition des Segensbrotes: das sind nicht für die Kommunion benötigte aber schon gesegnete Brote, die nach dem Gottesdienst an alle verteilt werden, gerade auch an die, die nicht kommunizieren konnten, wollten oder durften.

Gottes Segen, den das Brot symbolisiert, soll allen zuteilwerden. Und deshalb wird es nachher, am Ende, auch für sie / euch eine Segensgabe geben – zum Teilen auch mit denen, die nicht hierherkommen konnten.

Welchen Wert hat für uns das „täglich Brot"?
Was machen wir mit den Gaben der Schöpfung?
Machen wir Deals damit, oder schärfer: dealen wir, machen also (krumme) Geschäfte zu unserem Vorteil mit den Schöpfungsgaben –
oder erkennen wir die Gottlosigkeit dieser Haltung und sorgen für fairen Umgang, faire Bedingungen, so dass alle, Verbraucher und Erzeuger, davon leben, angemessen leben können?
Grenzen wir uns ab, nach dem Motto: Was geht mich der Andere, der Fremde an? Oder erkennen wir, dass im Teilen, im Mit- und Füreinander Segen liegt!
Denn wer dankt, denkt weiter, gibt weiter – weil für jeden genug da ist.

Andachten

aus dem Espenauer Gemeindebrief 2011 bis 2020

Löwenhonig[150]

Dieser Buchtitel[151] sprang mich vor einigen Monaten beim Durchstö-
bern einer Buchauslage an. LÖWENHONIG – dazu fiel mir spontan
eine der faszinierendsten und schillerndsten Gestalten der Bibel ein,
deren Abenteuer ich als Kind genauso spannend und aufregend fand
wie die von Herkules oder Odysseus: Samson bzw. Simson.
Dieser Samson hatte einen jungen Löwen, der ihm begegnet war, mit
bloßen Händen zerrissen und einige Zeit später in dessen Kadaver einen Bienenstock mit von Honig tropfenden Waben gefunden. Bei einer Hochzeitsfeier machte er daraus ein Rätsel: *„Speise ging aus vom
Fresser und Süßigkeit vom Starken."* (Richter 14,14) Um an die Lösung
zu kommen und den ausgesetzten wertvollen Preis zu erlangen, wurde Samsons Braut unter Druck gesetzt. So konnten die Männer dem
liebesblinden Samson die Lösung in einem Gegenrätsel präsentieren:
„Was ist süßer als Honig? Was ist stärker als der Löwe?" (Richter 14,18)

LÖWENHONIG – die Geschichte von Samson findet sich in der Bibel
im Buch der Richter, in den Kapiteln 13 bis 16. Sie spielt in der vor-
staatlichen Zeit zwischen der Landnahme durch Josua und der Er-
richtung des Königtums durch Saul. Samson zählt zu den sogenannten Richtern. Richter sind von Gott berufene Menschen, die das Volk
Israel aus einer akuten Bedrohung durch eins der benachbarten feind-
lichen Völker befreien und die rechte Gottesverehrung wiederherstel-
len. 20 Jahre soll Samson Israel „gerichtet" haben.

Samson war eine äußerst widersprüchliche Gestalt: einerseits herkuli-
scher Muskelprotz, andererseits fast ein Muttersöhnchen; von einer
für heutige Maßstäbe außergewöhnlichen Brutalität und kurze Zeit
später ein beinahe feinsinniger, poetischer Mensch. Von Gott auser-

wählt, sein Volk von der Unterdrückung durch die Philister zu erlösen, war er im Grunde in kleinliche persönliche Händel mit ihnen verstrickt – zu deren Frauen er sich merkwürdigerweise immer wieder hingezogen fühlte.

Ein Bote Gottes kündigte Samsons Mutter, die unfruchtbar war, die Geburt eines Kindes an. Dieses Kind sollte ein sogenannter „Nasiräer" sein: ein „für Gott ausgesonderter Mensch", der sich des Weins enthalten musste und sein Haupthaar nicht scheren durfte! Das war sein Geheimnis, darin lag die Quelle seiner ungewöhnlichen Kraft, die den Philistern so sehr Angst machte. Und als er schließlich der Frau, die er liebte, Delilah, sein Geheimnis preisgab, verriet diese ihn, schnitt ihm im Schlaf seine Locken ab, sodass er von den Philistern überwältigt, geblendet und versklavt werden konnte. Mit wieder wachsendem Haar kam die Kraft zurück und als Samson einmal öffentlich vorgeführt und gedemütigt wurde, riss er in einem letzten verzweifelten Kraftakt 3000 Philister, darunter die Elite der Stadt Gaza, mit in den Tod.

Samson ist in der Deutung, die der Autor des Buches LÖWENHONIG, David Grossman, ihm gibt, nicht nur ein widersprüchlicher, sondern vor allem auch ein zerrissener Mensch: Zerrissen zwischen seiner Berufung, die ihn von Anfang an zu etwas Besonderem macht und seinem Bedürfnis nach Nähe, Liebe, Intimität. Zerrissen zwischen dem Anspruch, sein Geheimnis bewahren zu müssen und dem Wunsch, endlich einmal einem Menschen so nahe kommen zu können, dass er sein Geheimnis mit ihm teilen kann. Zerrissen zwischen Gott und Mensch, am Ende verraten von der, die er meinte wirklich lieben zu können und verlassen von Gott, als er sein Geheimnis preisgab und sein Haar, das Zeichen seines Nasiräats, verlor.

Gott zu begegnen ist bedrohlich und süß zugleich, aber sich IHM und seinem Anspruch entziehen zu wollen ist nicht möglich. Samson scheitert einerseits an seiner Berufung, weil er sich selbst im Wege steht, andererseits *„konnte er anfangen, Israel aus der Hand der Philister zu erretten"* (Richter 13,5), wie der Engel Samsons Mutter angekündigt hatte, indem er die Philister entscheidend schwächte.

Der für mich spannendste Aspekt der Interpretation Samsons durch Grossman ist, dass die Samson-Geschichte als Folie für die Erzählungen von dem erkennbar wird, den Matthäus[152] als „Nazoräer" = Nasiräer bezeichnet: Jesus Christus. Auch Jesu Geburt wurde von einem Engel angekündigt, er wurde von einem seiner engsten Freunde mit einem Liebeszeichen verraten, vor seinem Tod wurde er verspottet und gedemütigt. Jesus aber nahm seine Berufung an, gab sich ganz Gott und ganz den Menschen hin, der Geist Gottes trieb ihn, Menschen zu heilen und zuletzt mit seinem Tod nur den einen großen und letzten Feind aller Menschen, den Tod selbst zu töten, damit wir im Glauben frei leben können.

LÖWENHONIG – der wahre Löwe aus Juda, Jesus Christus, der übrigens hinter dem Löwen ASLAN aus den Narnia-Geschichten steckt, schenkt die Süße ewigen, gottgemäßen Lebens, schon hier und jetzt.

Menschenopfer?[153]

Angeregt durch das Motto des Weltgebetstags, „Steht auf für Gerechtigkeit", möchte ich ihnen eine Erzählung aus dem Alten Testament vorstellen: die Geschichte von Jeftah und seiner namenlosen Tochter aus dem Buch der Richter, Kapitel 11.

Zunächst erinnert die dort geschilderte Situation an bekannte Märchen wie beispielsweise „Die Schöne und das Biest". In einer Notlage verspricht ein Vater das, was ihm bei seiner glücklichen Heimkehr als erstes aus dem Haus entgegenkommt, dem zu überlassen, der ihm geholfen hat. Und wie im Märchen ist es die einzige Tochter, die dem erfolgreich zurückkehrenden Vater entgegenläuft. Doch während im Märchen die Tochter ihren Traumprinzen und ihren Vater erlösen darf, bleibt die Bibel brutal realistisch.
Denn Jeftah hatte versprochen Gott als Brandopfer zu weihen, was ihm als erstes entgegenkommen würde. Und Jeftah kommt sein einziges Kind aus dem Haus entgegengelaufen. Der Vater verzweifelt, aber es ist zu spät. Und weil er seine Worte nicht mehr zurücknehmen kann, wie seine Tochter ihm bestätigt, opfert er sie schließlich.

Warum? Jeftah wollte, als sich ihm die Gelegenheit bot, den Makel seiner Geburt vergessen machen. Er begehrte durch militärischen Erfolg das Oberhaupt des Volkes zu werden. Er wollte seinen Halbbrüdern, die ihn als Sohn einer Hure aus dem Vaterhaus gejagt hatten, zeigen, dass er etwas ist und kann. Ehrgeiz, Geltungssucht und Vergeltungsdrang verleiten Jeftah zu seinem Gelübde. Doch der Preis, den er bezahlen muss, erscheint zu hoch – weil anders als bei Abraham und Isaak[154] kein Engel eingreift und einen Widder als Ersatz schickt. Nach einer zweimonatigen Zeit der Trauer, die Jeftah seiner

Tochter gewährt, *„tat er ihr, wie er gelobt hatte"* (Richter 11,39). Und Gott schweigt…

Doch indem Jeftahs Tochter die ihr aufgenötigte Rolle annimmt und bis zu Ende spielt, tritt sie in eine deutliche Distanz zu ihrem Vater und zu der Gottheit. Ihr Weg macht überdeutlich, dass auf diese Weise, auch in äußerster Not, Leben und Segen nicht zu gewinnen sind. Jeftah hatte gewonnen, hatte gezeigt, was für ein Kerl er ist – aber um welchen Preis! Denn kein Finger einer Gottheit rührt sich um seine Tochter, wie Artemis die Iphigenie, zu entrücken und durch etwas anderes zu ersetzen. Der Himmel bleibt verschlossen.

Nur die Frauen Israels halten mit einer jährlichen viertägigen Klagefeier das Gedenken an Jeftahs Tochter lebendig.[155] Erinnern damit an die Sinnlosigkeit dieses und jedes Menschenopfers. Erinnern an die Absurdität derartiger Gelübde, mahnen das Unrecht an, das Mädchen und Frauen durch ihre Männer oder Väter widerfährt.

Gibt es trotzdem Hoffnung? Ja, und sie liegt darin, dass die Bibel diese Geschichte nicht verschweigt, sondern das Andenken an Jeftahs Tochter lebendig erhält. Erzählend stimmt die Bibel in die Klage der Tochter Jeftahs und der Frauen Israels ein und verhindert damit, dass das Unrecht die Oberhand gewinnt. Und sie stellt implizit die Frage, ob dieses Geschehen wirklich der Wille des Gottes Israels sein kann, der im Gesetz[156] ganz ausdrücklich solche Bräuche als Gräuel bezeichnet hatte!

Unrecht und sinnlose Opfer im Namen Gottes – im Gegensatz dazu verkündigt die Bibel, und mit ihr Jesus, einen anderen Gott.

Sie erzählt vom väterlichen Gott, der Leben schafft und immer wieder schenkt. Sie preist den mütterlichen Gott der Liebe, der Unrecht vergibt und Menschen versöhnt. Sie verkündigt den Gott, der sich in Jesus selbst hingibt ans Leben und Opfer wird. Jesus, der klagend und anklagend an Gott festhält und so erfährt, dass Gott nicht schweigt, sondern mit der Auferweckung sein Ja zum Leben und gegen den Tod und das Unrecht bekräftigt.

Mit der Geschichte von Jeftahs Tochter mahnt uns die Bibel, die Erinnerung an die Opfer nicht zu vergessen. Mehr noch: den Opfern zur Seite zu treten, für Gerechtigkeit bei uns und anderswo aufzustehen, zu verhindern, dass Menschen überhaupt noch zu Opfern werden müssen.

Beschneidung des Herzens[157]

Heiligabend, Weihnachten und der Jahreswechsel stehen vor der Tür, mit all den schönen Erinnerungen, Gerüchen und Bräuchen, zu denen auch die besonderen Gottesdienste vom 4. Advent bis hin zum Neujahrstag gehören.

Aber: Warum feiern wir nach Weihnachten und dem Silvestergottesdienst eigentlich noch einen Gottesdienst am 1. Januar? Dieser Tag ist zwar ein Feiertag, aber als Neujahrstag kein kirchlicher bzw. christlicher Feiertag.

Im Unterschied zu dem bei uns praktizierten Neujahrstag, den 1. Januar, hat das jüdische Neujahrsfest Rosch Haschanah, das am 1. Tag des Monats Tischri gefeiert wird, der in der Regel in unseren Monat September fällt, einen Anhalt in der Bibel. Im 3. und im 4. Buch Mose wird für diesen Tag, der ausdrücklich als heiliger Tag bezeichnet wird, das Blasen des Schofarhorns angeordnet.[158] Es ist ein Tag des Gerichts. Mit Rosch Haschanah beginnen die zehn ehrfurchtsvollen Tage der Einkehr und Umkehr, die mit Jom Kippur, dem großen Versöhnungstag abschließen.

Eine entsprechende kirchliche Tradition gibt es für den 1. Januar nicht. Also noch einmal: Warum feiern wir diesen Tag sogar mit einem Gottesdienst? Ganz pragmatisch könnte man sagen, dass wir uns am Anfang eines neuen Jahres der Gnade und des Segens unseres Gottes vergewissern wollen. Das ist sicherlich für viele Menschen ein guter Grund, den Gottesdienst zu besuchen. Aber mit diesem Tag verbindet sich auch ein besonderes und wichtiges Ereignis aus dem Leben Jesu, das diesen Tag zu einem christlichen Feiertag macht. Es ist der achte Tag nach dem Festtag der Geburt Jesu am 25. Dezember. Von diesem Tag berichtet Lukas: *„Nach acht Tagen war es Zeit, das Kind zu beschneiden. Es bekam den Namen "Jesus". So hatte es der Engel bestimmt, noch bevor Jesus im Mutterleib empfangen wurde."* (Lukas 2,21)

Jesus wurde nach dem Gesetz am achten Tag beschnitten. Nach 1. Mose 17,10-12 sagt Gott zu Abraham: *„Eure Verpflichtung mir gegenüber besteht darin, dass ihr jeden Mann und jeden eurer männlichen Nachkommen beschneiden müsst. Bei allen müsst ihr die Vorhaut am Geschlechtsteil entfernen. Das ist das Zeichen für den Bund zwischen mir und euch. Am achten Tag muss jeder männliche Neugeborene beschnitten werden."* In Jesus wurde Gott nicht nur Mensch, wie wir das Weihnachten hören und feiern. Gott wurde in Jesus Mensch als einer aus dem jüdischen Volk, mit allem, was dazu gehörte! Die Beschneidung am achten Tag ist das bleibende Zeichen des Bundes zwischen dem biblischen Gott, dem Gott Jesu, und seinem Volk Israel. Dieses Fest kann uns daran erinnern, dass hier eine Verbindung zwischen Kirche und Israel besteht, dass Jesus als Jude geboren wurde, lebte und starb, und dass der Jude Jesus zum Heiland für die Menschen aus den nichtjüdischen Völkern wurde.

Keine Sorge: Wir müssen uns jetzt nicht beschneiden lassen – wir sollen keine Juden werden. Aber wir sollen in der Kraft des in und mit der Taufe uns zugesagten Geistes Gottes und Jesu die von Jesus geforderte und in der Bergpredigt entfaltete bessere Gerechtigkeit praktizieren. Jesus sagt dort zu seinen Jüngern: *„Wenn ihr den Willen Gottes* (und der findet sich auch nach Jesu Überzeugung in der Thora, dem Gesetz) *nicht besser erfüllt als die Schriftgelehrten und Pharisäer, werdet ihr niemals in das Himmelreich kommen."* (Matthäus 5,20)

Es geht für uns um eine *„Beschneidung des Herzens"*, das bedeutet eine Hinwendung des Herzens zu Gott, eine Umkehr und Hinwendung zum Kern und Geist der Gebote Gottes, wie sie auch schon die Tora[159] fordert. Wir sollen in der Nachfolge Jesu, geleitet von seinem Geist, für Recht und Gerechtigkeit, Freiheit und Liebe im Zusammenleben der Menschen und Völker eintreten.

Gipfelerlebnisse[160]

Die großen Ferien stehen vor der Tür und damit für viele der lange ersehnte Jahresurlaub. Wohin wird es diesmal gehen? Ich persönlich favorisiere die Berge! Was mich an ihnen anzieht und berührt, ist die Erhabenheit und Größe, die wenigstens gefühlte Möglichkeit über den Dingen des Alltags zu stehen, dem Himmel und dem Göttlichen näher zu kommen.

Ich kann nachempfinden, dass seit Alters her Berge ein bevorzugter Ort der Gottesoffenbarung waren. Ich kann verstehen, dass Berge zu Wohnsitzen von Göttern erklärt wurden, ohne dass das jemals wört-lich gemeint gewesen wäre. Die Menschen auch und gerade der frü-heren Zeiten konnten sehr genau zwischen dem Ort der geglaubten Anwesenheit und Erscheinung des Gottes hier auf Erden und dem Bereich des Göttlichen im metaphorisch verstandenen Himmel unter-scheiden! *„Der Himmel und aller Himmel Himmel können dich nicht fas-sen"* (1. Könige 8,27), wussten schon die Menschen im alten Israel – und dennoch hatte Gott dieses eine Haus in Jerusalem, den Tempel auf dem Zionsberg, erwählt, um seinen Namen dort wohnen zu las-sen[161]. Denn als leibliche Wesen brauchen wir räumliche und zeitliche Orte, um dem Göttlichen nahe kommen und begegnen zu können.

Berge sind im Neuen Testament für Jesus Orte der Gottesbegegnung. Vor allem der Evangelist Matthäus erzählt von Bergbesteigungen Je-su:
Zweimal finden wir Jesus auf einem geradezu mythischen *„sehr hohen Berg"*[162]. Dort geht es zum einen um die Frage, wer in Wahrheit der Herr der Welt ist, wem Anbetung und Verehrung gebühren.[163] Zum

anderen wird – vorläufig – geklärt, dass Jesus in Wahrheit der ist, auf den die heiligen Schriften Israels, unser Altes Testament, hinweisen, der in prophetischer Weise das Gesetz gemäß dem Schöpferwillen Gottes auslegt.[164]

Wie diese Gesetzesinterpretation konkret aussieht, schildert Matthäus in deutlicher Analogie zu den Ereignissen am Berg Sinai. Dort verkündete Mose dem Volk das Gesetz als Gottes guten, Leben fördernden Willen. Auf einem Berg aktualisiert Jesus für die Menschen, als neuer Mose, das Gesetz, deutet in der „Bergpredigt"[165] den Willen Gottes in aufregend neuer Weise.

Wiederum auf einem Berg zeigt er, was das praktisch bedeutet[166], indem er dort viele Menschen von ihren Krankheiten heilt und so Gottes Herrlichkeit offenbart.

Am Ende seines Evangeliums erzählt Matthäus, dass Jesus nach seiner Auferweckung seine Jünger auf einen Berg bestellt.[167] Dort erscheint er ihnen noch einmal als der, dem Gott die Macht und die Herrschaft über alle Welt übergeben hat und dessen Art und Weise der Gesetzesinterpretation die maßgebende ist. Er sagt zu ihnen: *„Gott hat mir alle Macht gegeben, im Himmel und auf der Erde. Geht nun hin zu allen Völkern und macht die Menschen zu meinen Jüngerinnen und Jüngern: Tauft sie im Namen des Vaters, des Sohnes und des Heiligen Geistes!* **Und lehrt sie alles zu tun, was ich euch geboten habe** – der Evangelist erinnert an die Bergpredigt und an die Heilungen auf dem Berg. *Und seht doch: Ich bin immer bei euch, jeden Tag, bis zum Ende der Welt!"* (Matthäus 28,18-20)

Berge sind für Jesus besondere Orte, die Gotteserfahrungen ermöglichen können. Aber immer ist es Gott selbst, der diesen Platz zum Ort seiner Offenbarung macht! Wer versucht, diesen Ort zu usurpieren oder Gott dort fixieren zu wollen, der verfehlt IHN, dem entzieht ER sich.

Berge sind eine erhebende Erfahrung. Ich freue mich über den bewältigten Aufstieg, aber die Gipfelerfahrung macht mich wegen ihrer oft überwältigenden Größe und Schönheit auch demütig. Gott kommt mir nahe, und warum nicht auch an einem solchen Ort! Gewiss aber dort, wo er sich zugesagt hat: wo zwei oder drei Menschen in seinem Namen versammelt sind[168], wo sein Wort laut wird, wo Brot und Wein geteilt werden. Auch und gerade dort sind wahre „Gipfelerlebnisse" und Gottesbegegnungen möglich, und vielleicht nutzen sie ihren Urlaub um Gott, den HERRN, an diesen Orten zu suchen und sich von ihm finden zu lassen.

Was sucht ihr den Lebenden bei den Toten?[169]

Frauen sind nach dem Zeugnis aller Evangelien die Ersten, die am Ostermorgen an das Grab Jesu gehen – und feststellen müssen, dass es leer ist. Lukas erzählt: Als sie trauernd am Grab stehen, treten zwei Männer in glänzend weißen Kleidern zu ihnen und sprechen sie mit den Worten an: *„Was sucht ihr den Lebenden bei den Toten? Er ist nicht hier, er ist auferstanden."* (Lukas 24,5-6) Und in der Fortsetzung erinnern die Männer die Frauen daran, dass Jesus selbst sein Leiden, Sterben und seine Auferstehung angekündigt hatte.[170]

Ostern, die Auferstehung Jesu von den Toten, versteht sich nicht von selbst. Es braucht jemanden, der erklärt und verstehen hilft: Karfreitag war kein Schicksal, sondern ein notwendiger Schritt auf dem Weg zur Herrlichkeit Jesu, alles *„musste - nach der Schrift - so geschehen"*[171]. Aber was soll das bedeuten?

Die Antwort darauf liegt (auch) im Auftritt der „zwei Männer". Mit denen sind bei Lukas keine Engel gemeint, sondern Mose und Elijah, die Repräsentanten von Tora, Gesetz und den prophetischen Schriften. Lukas will seinen Lesern signalisieren: Forscht in den heiligen Schriften, im Gesetz und in den Propheten, denn dort findet ihr geschrieben und angekündigt, warum der Messias, der Heiland der Welt, den Weg des Leidens hin zur Auferweckung und Verherrlichung gehen musste. Dreimal lässt der Evangelist Lukas diese beiden Männer auftreten:

Auf dem Berg der Verklärung hatten die zwei Männer, hier ausdrücklich als Mose und Elijah benannt, mit Jesus *„über sein Ende, das er in Je-*

rusalem erfüllen sollte" (Lukas 9,30-31) gesprochen. Jesus ist hier noch Hörender und Lernender.

Am Ostermorgen erinnern die zwei Männer an das, was Jesus selbst gesagt hatte. Sie erinnern daran, dass Jesus mit Worten aus Psalm 31[172] gestorben war: *„Vater, ich befehle meinen Geist in deine Hände!"* (Lukas 23,46), weil er gewiss ist, dass Gottes Treue so viel größer ist als das Toben der Feinde. Sie erinnern damit auch an den Gottesknecht von Jesaja 53: Nach Apostelgeschichte 8,30-35 wird später Philippus dem äthiopischen Kämmerer anhand dieses Jesajatextes das Evangelium von Jesus verkündigen.

Und nach der Himmelfahrt Jesu[173] erinnern die zwei Männer an den Propheten Daniel[174] und dessen Weissagung vom Menschensohn-Messias, der mit den Wolken des Himmels kommt und herrscht.

„Was sucht ihr den Lebenden bei den Toten? Er ist nicht hier, er ist auferstanden." Ja, es ist wahr und Grund meines, unseres Lebens als Christinnen und Christen. Aber ich kann diese Wahrheit nicht aus mir selbst haben, ich muss sie mir immer wieder zusprechen lassen: durch die Bibel, durch Menschen im Namen Jesu.

Einige aber zweifelten[175]

Furcht, Zweifel und Unglaube begleiten die Verkündigung der Auferweckung Jesu von den Toten von Anfang an. Sogar persönliche Begegnungen mit dem Auferstandenen wecken bei manchen erst einmal Zweifel: *„Und als sie* (die Jünger) *ihn sahen, fielen sie vor ihm nieder; einige aber zweifelten"* (Matthäus 28,17). Alle vier Evangelien berichten davon und das älteste Evangelium, das des Markus, endet so: *„Und sie* (die Frauen) *gingen hinaus und flohen von dem Grab; denn Zittern und Entsetzen hatte sie ergriffen. Und sie sagten niemand etwas; denn sie fürchteten sich"* (Markus 16,8).

Insofern stehen alle, gerade auch Jugendliche, die sagen: „Ich kann das nicht glauben!", nicht alleine da. Ich möchte sogar die Aussage wagen, dass der Zweifel zum Glauben hinzugehört. Solange wir auf Erden leben, solange wir mit der Finsternis unserer Welt konfrontiert sind, der Ungerechtigkeit und dem Leid, das Menschen ertragen müssen, der Brutalität und dem Zynismus, die manche Regierenden an den Tag legen, solange bleibt der Zweifel an dem Gott der Liebe und Gerechtigkeit, den Jesus verkündigte, bestehen.

Die Christen zur Zeit der Abfassung der Evangelien erlebten am eigenen Leib mit welcher Brutalität das römische Imperium seinen Machtanspruch durchsetzte und was die Etablierung des „römischen Friedens" für die unmittelbar Betroffenen an Leid bedeutete. Das Bild von **William Blake „Christus erscheint seinen Jüngern nach der Auferstehung"**[176] (1795) scheint keine Zweifel zu kennen. Christus durchschreitet die Reihen seiner Jünger, die sich im Gestus der Verehrung und Anbetung vor ihm niederwerfen.
Doch drücken bei näherem Hinsehen die Mienen und Blicke der Jünger ihren Zweifel aus. Nur einer richtet sich langsam auf, wagt den Auferstandenen in seinem Glanz anzuschauen, seine Hände berühren gerade so die rechte Hand Jesu. Die anderen Jünger wirken in ihrer gebeugten Haltung wie der noch dunkle Grabhügel.

Für mich deutet William Blake die Richtung an, wie mit dem Zweifel und dem Unglauben umgegangen werden kann, eine Richtung, in die auch Markus und Matthäus mit dem Schluss ihres Evangeliums weisen. Wir sind eingeladen uns auf Jesus, seine Worte und Taten einzulassen: sie weiterzuerzählen und im Geist Jesu zu wirken. Wir sind gerufen, uns aufrichten, von ihm berühren, und leiten zu lassen, weil wir nur auf dem Weg der Nachfolge die Wahrheit von Jesu Auferweckung erfahren können: *„Mir ist gegeben alle Gewalt im Himmel und auf*

Erden. Darum gehet hin und lehret alle Völker... Und siehe, ich bin bei euch alle Tage bis an der Welt Ende." (Matthäus 28,18-20)

Wir dürfen von Ostern herkommend die Hoffnung weitergeben, die trotz allem Zweifel der Macht der Liebe des lebendigen Gottes vertraut.

Lobpreis vor dem Thron Gottes[177]

9 Danach sah ich eine riesige Menschenmenge aus allen Stämmen und Völkern, Menschen aller Sprachen und Kulturen; es waren so viele, dass niemand sie zählen konnte. In weiße Gewänder gehüllt, standen sie vor dem Thron und vor dem Lamm, hielten Palmzweige in den Händen

10 und riefen mit lauter Stimme: »Das Heil kommt von unserem Gott, der auf dem Thron sitzt, und von dem Lamm!«

11 Diesem Lobpreis schloss sich die ganze unzählbar große Schar der Engel an, die rings um den Thron und um die Ältesten und die vier lebendigen

Wesen standen. Sie warfen sich vor dem Thron nieder und beteten Gott an.
12 »Amen, so ist es!«, riefen sie. »Anbetung, Ehre und Dank ihm, unserem
Gott! Herrlichkeit und Weisheit, Macht und Stärke gehören ihm für immer
und ewig! Amen.«

(Offenbarung 7,9-12)

Das abgebildete Chorfenster[178] der Mönchehöfer Kirche greift Teile des oben zitierten Textes aus dem letzten Buch der Bibel auf. Da ist die unzählbar große Schar der Engel über dem Thron, da sind die Ältesten mit ihren Kronen und den Räucherschalen darunter und da sind die vier mächtigen geflügelten Wesen um den Thron. Auf dem Thron selbst sitzt nun aber nicht das Lamm, sondern der Christus selbst, der Richter mit dem Buch des Lebens.

Geschildert und dargestellt wird ein Teil des himmlischen Gottesdienstes. Nur: Wo ist im Fensterbild die *„riesige Menschenmenge aus allen Stämmen und Völkern?"* Wo sind die *„Menschen aller Sprachen und Kulturen?"* Sind wir Heutige ausgeschlossen vom gemeinsamen Gotteslob der Schöpfung?

Ich stelle mir vor, dass der Künstler ganz bewusst auf die Darstellung der *„riesigen Menschenmenge aller Sprachen und Kulturen"* verzichtet hat. Vielmehr hat er hier bewusst eine Leerstelle gelassen.
Wir sind eingeladen, diese Lücke zu füllen, hinzuzutreten vor den Thron um den Lobpreis und die Akklamation, den zustimmenden Beifall, aufzunehmen: *„Das Heil kommt von unserem Gott, der auf dem Thron sitzt, und von dem Lamm!"* Oder, mit bekannteren Worten: *„Ehre sei Gott in der Höhe und Frieden auf Erden bei den Menschen seines Wohlgefallens!"* (Lukas 2,14)
Wir, in dem umfassenden, alle Grenzen überschreitenden Sinne, dür-

fen zum Thron, zur Krippe kommen. Für niemanden bleibt die Tür verschlossen, jeder darf hinzutreten, egal ob Deutscher oder Bulgare, ob Türke oder Syrer. Denn die Friedensbotschaft der Engel gilt allen, mir und dir und deinem oder unserem Nachbarn auch.

Das mag nicht jedem gefallen, dass vor dem Kind in der Krippe, vor dem Lamm bzw. dem Richter auf dem Thron die bei uns so beliebten Mauern und Ausschlusskriterien null und nichtig sind. Gott im Kind in der Krippe, das geopferte Lamm Jesus auf dem Thron Gottes, das sind starke Symbole für die bedingungslose Treue und umfassende Menschenliebe Gottes, der wir durch unser Tun und Lassen entsprechen sollen. In diesem Sinne wünsche ich Ihnen ein heilvolles Fest der Liebe!

Du hast einen weiten Weg vor dir[179]

Im Rückblick auf die vergangenen Wochen und Monate überkommt mich manchmal Müdigkeit und Resignation. So vieles, was nicht (mehr) stattfinden konnte, abgesagt werden musste, ausgefallen ist. Routinen, die weggebrochen sind. Die Um– und Neustrukturierung hat Kraft gekostet. Und dann gibt es Enttäuschung über nicht Gelungenes, Missglücktes.

Und immer wieder auch die Frage: Wie kann, wie wird es weitergehen? Denn eine einfache Rückkehr in die Vor-Corona-Normalität wird es so schnell nicht geben, kann und darf es wohl auch nicht.

Der Monatsspruch für Juli 2020: *„Der Engel des Herrn rührte Elia an und sprach: Steh auf und iss! Denn du hast einen weiten Weg vor dir"* (1. Könige 19,7), erinnert an die Gestalt des Propheten Elia. Machtvoll hatte er für Gott gestritten, jetzt sieht er sich tödlicher Bedrohung durch König Ahab und dessen Frau Isebel ausgesetzt. Er ist seines Auftrags, ja seines Lebens überdrüssig - gescheitert am Leben und wohl auch an seinem Gott.

Gott aber ist noch nicht am Ende. ER hat noch anderes und mehr mit Elia vor. Zweimal wird Elia von einem Engel berührt, zweimal wird er mit Brot und Wasser gestärkt.

Bin ich offen, kann ich offen sein für Stärkungen, die Gott mir schickt und schenkt? Bin ich offen und bereit für den Weg, auch ohne dass ich das Ziel schon kenne?

Elia machte sich auf den Weg und erlebte am Ende eine außergewöhnliche Gottesbegegnung in der *„Stimme verschwebenden Schweigens"*[180] (1. Könige 19,12b).

Neue Wege wagen, neue Kraft erfahren, Gewohntes ganz neu denken, dazu lädt Gott uns, mich ein. Lassen wir uns anrühren und stärken, machen wir uns gemeinsam auf den Weg, getröstet und hoffnungsvoll.

Gott schenke Ihnen und uns allen seinen reichen Segen.

Bleiben Sie behütet!

Anstelle eines Nachworts: Gott schauen[181]

Gott spricht: Und siehe, ich bin mit dir und will dich behüten, wo du hin-
ziehst, und will dich wieder herbringen in dies Land.

(1. Mose 28,15a)

Siehe, ich bin mit dir und will dich behüten, starke Worte, eine kraftvolle
Zusage und Verheißung, noch einmal unterstrichen durch die Auf-
merksamkeitspartikel: SIEHE.

Ja, das wünschen wir den Menschen, die wir lieben, das erhoffen wir
für unsere Lieben, unsere Kinder zumal: Gott möge mit ihnen und für
sie sein, sie behüten und bewahren auf allen ihren Wegen.

Amen, möchte man da sagen, so sei es!

Nur, so einfach ist es, das Leben, eben nicht. Was im Moment noch
klar und geradlinig aussieht, wird es wahrscheinlich nicht bleiben.
Die Wünsche und Erwartungen, die ihr für bzw. an euer Kind habt,
wird sie, Ella, wenn überhaupt, wohl nur teilweise erfüllen wollen,
erfüllen können.

Der Taufspruch, den ihr für Ella ausgesucht habt, gehört in die Geschichte Jakobs. Es ist das erste Mal, dass ihm - an einem Wende-
punkt seines Lebens - Gott selbst begegnet:

Jakob, Zweitgeborener, Liebling seiner Mutter, hatte sich gegen Esau,
den Erstgeborenen, Liebling des Vaters, den Erstgeburtssegen geradezu ergaunert. Esau drohte, Jakob umzubringen, so dass Rebekka ihn
fortschickte, in die Fremde, ins Exil. Kaputte Familie, zerstörter Lebensentwurf, verlorene Heimat – so ist Jakob unterwegs, auf der

Flucht. Und er ist wohl wirklich gelaufen, was die Beine hergaben – aber schließlich muss auch er einmal rasten, ruhen, innehalten.

Und jetzt, am Tiefpunkt, öffnet sich ihm im Traum der Himmel: Jakob sieht eine Leiter, die bis in den Himmel reicht, an der Engel auf und nieder steigen. Und am oberen Ende sieht er Gott, der zu ihm spricht: *Und siehe, ich bin mit dir und will dich behüten, wo du hinziehst, und will dich wieder herbringen in dies Land.*

Im Kontext seiner Taufe hat Jesus, der einmal von sich sagte: *Die Füchse haben Gruben und die Vögel (...) haben Nester, aber der Menschensohn hat nichts, wo er sein Haupt hinlege* (Lukas 9,58), diese Szene aufgegriffen: *Ihr werdet den Himmel offen sehen und die Engel Gottes hinauf- und herabfahren über dem Menschensohn* (Johannes 1,51).

Jakob und Jesus - und heute Ella – erfahren durch diesen Traum, diese Vision eine neue Verortung bzw. Beheimatung ihres Lebens.
Die Familie und das Land bzw. ein Ort sind wichtig und bleiben wichtig. Gott stellt Jakob in die Tradition und den Segen seiner Vorfahren Abraham und Isaak. Das ihnen verheißene Land wird auch Jakob verheißen, ebenso wie eine unübersehbare Nachkommenschaft.
Es ist für jeden Menschen wichtig um seine Wurzeln zu wissen, aber gerade unsere Zeiten zeigen auch, dass Heimat keine letzte Sicherheit bietet, dass das ursprüngliche Zuhause unwirtlich oder zu eng oder sogar zerstört wird, dass Aufbruch und Unterwegssein und damit eben auch das Fremdsein zum Leben hinzugehören können.

In der Vision der hinauf- und herabsteigenden Engel werden Erde und Himmel verbunden bzw. präziser: dieser Mensch, sein Leben wird mit dem Himmel verbunden. Jakobs Leben, Jakobs Weg, in dem auf einmal alles offen und ungewiss ist, bekommt (s)eine vertikale Verankerung im Himmel, in Gott. Und für den am nächsten Morgen weiterzugehenden Weg in die Fremde, in die offenen Horizonte, erhält Jakob die Zusage: *Und siehe, ich bin mit dir und will dich behüten, wo du hinziehst, und will dich wieder herbringen in dies Land.*

Genau das geschieht in und mit der Taufe, heute der Taufe Ellas: Ihr Leben wird in Gott verankert und Gott sagt zu ihr: Du bist mein geliebtes Kind, meine Tochter. Und wohin dein Weg dich auch führen wird: *ich bin mit dir und will dich behüten, wo du hinziehst...*
Wir sehen es nicht, aber ich bin überzeugt, dass unsere Gottesdienste den himmlischen Gottesdienst abbilden, dass mit uns die Engel Gottesdienst feiern – und man sagt ja, dass kleine Kinder noch ein anderes Sensorium haben, vielleicht sieht / spürt Ella es, dass über ihr der Himmel offen steht, dass Engel hinauf und herab steigen und Gott sie segnet.

Eure Aufgabe, als Eltern zuerst, als Paten sie unterstützend, ist es, für Ella Wegweiser zu Gott zu sein und zu bleiben. Ihr zu erzählen, vorzulesen, mit ihr zu beten, Vorbild und Beispiel zu sein, in aller Vorläufigkeit, die menschlichem Leben eignet. Denn für alles gilt: Wir empfangen Leben aus Gottes Hand, wir legen es wieder zurück – und bitten, dass ER zu einem guten Ende führen möge, was wir in seinem Namen begonnen haben, vertrauend auf seine Verheißung: *Siehe, ich bin mit dir und will dich behüten, wo du hinziehst, und will dich wieder herbringen in dies Land.*

Anmerkungen

[1] Die Bildseite der Konfirmationsurkunde zeigt einen Blick in die Kirche in Spangenberg-Mörshausen, mit dem Schmerzensmann auf der Säule und dem Chorfenster als Blickfang; vgl. dazu: http://www.moershausen.de/chronik/Kirchengemeinde.pdf (S. 48+55), zuletzt abgerufen am 28.10.2020.

[2] Vgl. z.B. den Cherubim-Hymnus der Chrysostomosliturgie, in: Der Orthodoxe Gottesdienst. Band I. Göttliche Liturgie und Sakramente, herausgegeben von Erzpriester Sergius Heitz, Mainz ohne Jahr, S. 233-236.

[3] 1. Korinther 10,16f.; „Eucharistische Ekklesiologie", vgl. dazu: Karl Christian Felmy, Die orthodoxe Theologie der Gegenwart. Eine Einführung, Darmstadt 1990, S. 146-168.

[4] Vgl. Rudolf Hermann, Das Verhältnis von Rechtfertigung und Gebet nach Luthers Auslegung von Röm. 3 in der Römerbriefvorlesung, in: ders., Gesammelte Studien zur Theologie Luthers und der Reformation, Göttingen 1960, S. 11-43.

[5] Eine unter dem Titel „Perlen. Entdeckungen in und mit der Bibel" anlässlich seines 17. Geburtstages zusammengestellte Sammlung von Gemeindebriefandachten ist einer der Ausgangspunkte dieses Projekts.

[6] Neben Kommentaren habe ich folgende Predigtmeditationsreihen genutzt: seit dem Kirchenjahr 2010/2011 die Predigtstudien aus dem Kreuz-Verlag; und seit dem Kirchenjahr 2013/2014 die Predigtmeditationen im christlich-jüdischen Kontext, herausgegeben von Studium in Israel e.V.

[7] Predigt am 16.05.2004, Rogate (Einführung in Espenau-Hohenkirchen)

[8] Predigt am 01.01.2005, Neujahr

[9] Seebeben der Stärke 9,0 auf der Richterskala, am 26.12.2004 vor Sumatra, mit anschließendem Tsunami, geschätzt etwa 250.000 Menschen verloren rund um den Indischen Ozean ihr Leben.

[10] Vgl. dazu Hiob 1+2.

[11] Hiob 2,11-13

[12] Hiob 4-27

[13] Hiob 38-42

[14] Predigt am 02.04.2006, Judika

[15] 4. Mose 13+14

[16] Predigt am 14.12.2008, 3. Advent

[17] Vom 11.-19.07.1995

[18] 2. Mose 2,1-10
[19] Predigt am 15.03.2009, Okuli
[20] 1. Könige 19,19-21
[21] Maleachi 3,23
[22] Vgl. Maleachi 3,24
[23] Vgl. Lukas 8,19-21 par.
[24] Vgl. 1. Mose 4,1-16
[25] Vgl. Hebräer 3,13; 2. Korinther 6,2
[26] Vgl. 1. Mose 12,1-4
[27] Vgl. 1. Mose 19,26
[28] Das deutsche Gedicht vom Mittelalter bis zum 20. Jahrhundert, Auswahl und Einleitung von Edgar Hederer, Frankfurt am Main, 1957 (288.-295. Tausend Mai 1982), Seite 270
[29] Predigt am 01.04.2010, Gründonnerstag
[30] Lukas 22,24-38
[31] Johannes 13-16
[32] Markus 14,32-65 par.
[33] Dieser Wandteppich befand sich bis zum Beginn der großen Sanierung der Hohenkirchener Kirche im Jahr 2013 an der Nordwand des Kirchenschiffs. Foto: Holger Hermann
[34] Am 29.03.2010 verübten zwei aus Tschetschenien stammende sogenannte „schwarze Witwen" zwei Sprengstoffanschläge in der Moskauer Metro.
[35] documenta12 (16.06.-23.09.2007)
[36] Predigt am 30.01.2011, 4. Sonntag nach Epiphanias. In und mit dem Gottesdienst feierte der Tanzkreis sein zwanzigjähriges Bestehen.
[37] Hugo Rahner, Der spielende Mensch, Einsiedeln 9. Auflage 1983, S. 68
[38] https://youtu.be/OjPGSFDy8wo
[39] Johannes 1,1-18
[40] Der englische Text ist entnommen dem Buch: Lord of the Dance. Song by Sydney Carter, Illustrations by Jackie Morris, Lion Publishing plc, Oxford, England, First Edition 1998
[41] Nikos Kazantzakis, Alexis Sorbas. Abenteuer auf Kreta, Hamburg 476.-500. Tausend März 1984
[42] Nikos Kazantzakis, Alexis Sorbas (Anm. 41), S. 235
[43] Hugo Rahner, Der spielende Mensch (Anm. 37), S. 68

[44] Hugo Rahner, Der spielende Mensch (Anm. 37), S. 69

[45] 2. Samuel 6,23

[46] Predigt am 13.03.2011, Invokavit; zum Zitat siehe Anm. 49

[47] C.S.Lewis, Perelandra, Lüdenscheid 1980

[48] Am 11.03.2011 begann nach dem Tohoku-Erdbeben vor der Nordost-Küste Honshus, Japan, und dem folgenden Tsunami die Nuklearkatastrophe von Fukushima.

[49] Wencke Myhre, z.B.: https://www.songtexte.com/songtext/wencke-myhre/beiss-nicht-gleich-in-jeden-apfel-23be3487.html (zuletzt abgerufen am 06.10.2020)

[50] Predigt am 12.08.2012, 10. Sonntag nach Trinitatis

[51] Predigt am 20.07.2014, 5. Sonntag nach Trinitatis

[52] Vgl. Der Hessische Katechismus, Herausgegeben im Auftrag der Evangelischen Kirche von Kurhessen-Waleck, Kassel 5. Auflage 1975, S. 19 (Frage: „Wozu dient das Gebet des Herrn?")

[53] Predigt am 03.08.2014, 7. Sonntag nach Trinitatis; mit einer Taufe

[54] Predigt am 24.12.2014, Christmette

[55] Anregungen verdanke ich den Ausführungen von Stephan Goldschmidt in: Jochen Arnold, Klaus-Martin Bresgott (Hg.), Kirche klingt - 77 Lieder für das Kirchenjahr (gemeinsam gottesdienst gestalten 19, herausgegeben von Jochen Arnold), Hannover 2011, Seiten 307-310.

[56] Hebräer 1,4

[57] Lukas 19,38

[58] Gottesdienst am 10.05.2015, Rogate

[59] Z.B. EG EKKW 815 und 852.

[60] Vgl. z.B. Klaus Haacker, Was Jesus lehrte. Die Verkündigung Jesu - vom Vaterunser aus entfaltet, Neukirchen-Vluyn 2010 ; Helmut Thielicke, Das Gebet, das die Welt umspannt, Stuttgart 1946.

[61] Offensichtlich beim Verfassen der Predigt aus dem Gedächtnis zitiert.

[62] Hans-Martin Lübking, Kursbuch Konfirmation. Das neue Programm. Ein Arbeitsbuch für Konfirmandinnen und Konfirmanden, Düsseldorf 2. Auflage 2006, S. 115

[63] Vgl. Der Hessischer Katechismus (Anm. 52), S. 16+17, jeweils die Antwort auf die Frage: „Was ist das?" zur 2., 3. und 4. Bitte.

[64] Predigt am 07.06.2015, 1. Sonntag nach Trinitatis

[65] Matthäus 25,31-46

[66] Lukas 12,13-21

[67] Lukas 19,1-10

[68] Lukas 23,39-43

[69] Vgl. Jakobus 2,19

[70] 1. Johannes 4,19-21

[71] Predigt am 24.12.2015, Christmette

[72] Weihnachtskarte 2015 des DIFÄM, Tübingen

[73] „Stern über Bethlehem" EG EKKW 542; „Stern auf den ich schaue" EG 407; „Der Morgenstern ist aufgedrungen" EG 69

[74] Offenbarung 1,16

[75] Offenbarung 4,4+10

[76] 1. Könige 8,27

[77] EG 37,9

[78] Predigt am 24.03.2016, Gründonnerstag

[79] 2. Mose 12,1-4.6-8.10-14

[80] Jesaja 25,6-8; Lukas 14,15-24 par.

[81] Predigt am 06.11.2016, Drittletzter Sonntag des Kirchenjahres (Konvent)

[82] Katja Ebstein, https://www.songtexte.com/songtext/katja-ebstein/wunder-gibt-es-immer-wieder-43de47c3.html (zuletzt abgerufen am 06.10.2020); die Melodie diente als Orgelvorspiel zum Gottesdienst.

[83] Hamburg 2016

[84] Z.B. 1. Könige 17,17-24; 2. Könige 4,32-37

[85] Nena, https://www.songtexte.com/songtext/nena/wunder-geschehn-7be90e34.html (zuletzt abgerufen am 06.10.2020)

[86] Der Text z.B. in: Rainer Starck, Klaus Hahn, Sylvia Szepanski-Jahnsen und Jörg Weber, Grundkurs KU. Ein Arbeitsbuch für Konfirmandinnen und Konfirmanden, Gütersloh 2004, S. 135. Vgl. „Ein Lied für Connor. „Tears In Heaven" von Eric Clapton, in: Pop-Splits. Volume 1 und 2. Die besten Songs aller Zeiten und ihre Geschichte. Herausgegeben von Frank Bruder und Richard Fasten, Berlin 2011, S. 380-381.

[87] Johannes 20,29

[88] Predigt am 17.09.2017, 14. Sonntag nach Trinitatis

[89] EG EKKW 806.4

[90] Immer nur Du. Aus den „Preisungen Dawids", verdeutscht von Martin Buber, Aquarelle aus Israel von Andreas Felger; Hünfelden-Gnadenthal 1989, Seite 17

[91] Der achte und der neunte Hurrikan der Saison 2017.

[92] HfA: Hoffnung für alle. Die Bibel; 1. Auflage der revidierten Fassung, Basel 2015 - ist derzeit in Espenau **die** Konfirmandenbibel.

[93] Predigt am 19.05.2019, Kantate (Konfirmation)

[94] Seite „Panta rhei". In: Wikipedia, Die freie Enzyklopädie. Bearbeitungsstand: 24. Oktober 2020, 21:31 UTC. URL: https://de.wikipedia.org/w/index.php?title=Panta_rhei&oldid=204860156 (zuletzt abgerufen: 27. Oktober 2020, 19:34 UTC)

[95] Lobet den Herrn, ihr Nebelflecke, in: Ernesto Cardenal, Das Buch von der Liebe. Lateinamerikanische Psalmen, 7. Auflage, Gütersloh 1979, Seite 138

[96] Z.B. in: Mein GospelLiederbuch. Gospel-, Praise- und Worship-Songs für Gospelchor, Gemeinde und zu Hause, herausgegeben von Martin Bartelworth, Gütersloh 2. Auflage 2012, Nr. 45, S. 76

[97] Gottesdienst am 04.08.2019, 7. Sonntag nach Trinitatis; mit einer Taufe

[98] Zur Auslegung vgl. bes. Manfred Oeming/Joachim Vette, Das Buch der Psalmen. Psalm 90-151, Neuer Stuttgarter Kommentar - Altes Testament 13/3 - Herausgegeben von Christoph Dohmen, Stuttgart2016, s. 25-33

[99] Im September 2012

[100] Nach Oeming/Vette (Anm. 98), S. 27

[101] Siehe die Rahmenerzählung Hiob 1-2+42

[102] Gottesdienst am 15.12.2019, Samstag vor dem 3. Advent (Espenauer Weihnachtsmarkt im Ortsteil Hohenkirchen)

[103] Foto: Holger Hermann. Das östliche Chorfenster der Hohenkirchener Kirche wurde 1887 von der Witwe des hiesigen Pfarrers Knyrim der Kirche gestiftet. Hergestellt und eingebaut wurde es von einer Marburger Glasmalereiwerkstatt. Im November 2019 wurde es einer grundlegenden Restaurierung unterzogen.

[104] Gottesdienst am 02.02.2020, Letzter Sonntag nach Epiphanias

[105] Daniel 7,13-14

[106] Jesaja 6,5

[107] Matthäus 28,18

[108] Vgl. Psalm 23,4. Nach „mündlicher Überlieferung" von Martin Buber, der jedoch mit „Todschattenschlucht" übersetzt, vgl. Die Schrift, verdeutscht von Martin Buber gemeinsam mit Franz Rosenzweig, Bd. 4. Die Schriftwerke - Neuausg., 8., verb. Aufl. der neubearb. Ausg. von 1962, Gerlingen 1997, S. 38

[109] Cindy & Bert, erschienen 1973

[110] Seit etwa Anfang 2020 verbreitete sich, ausgehend von Wuhan in China, die Krankheit COVID-19, verursacht duch das Virus Sars-COV-2 (bald allgemein nur noch „Corona" genannt), über den Globus. Mitte/Ende Februar stiegen in Deutschland die Zahlen. Der letzte „analoge" Gottesdienst in Espenau wurde am 08.03.2020 gefeiert: Der Vorstellungsgottesdienst der Konfirmand*inen des Jahrgangs 2020 zum Thema „Abendmahl", inklusive einer Abendmahlsfeier. Am Ende der Woche kam der sogenannte „Lockdown", vom 15.03. bis 24.05.2020 fanden keine normalen Gottesdienste in den Kirchen statt. Besondere Aktionen gab es Karfreitag und Ostern; die Konfirmationen am 26.04. und 03.05.2020 wurden abgesagt und auf Ende September teminiert. Seit Pfingstsonntag finden, mit Einschränkungen und unter Beachtung der AHA-Regeln (Abstand, Hygiene, Altagsmaske), wieder Gottesdienste statt. Seit dem 29.03.2020 habe ich ziemlich regelmäßig eine Audioandacht hergestellt und über Messengerdienste in der Gemeinde verteilt, seit Karfreitag auch als Telefonandacht. Nach einem Abflachen der Infektionskurve aufgrund der strengen Maßnahmen im Sommer steigt diese seit dem Ende der Sommerferien Anfang/Mitte September 2020 wieder mit zunehmender Tendenz an.

[111] Audioandacht am 29.03.2020, Judika

[112] Audioandacht am 05.04.2020, Palmsonntag

[113] Audioandacht am 10.04.2020, Karfreitag

[114] Vgl. EG 320,4; vgl. dazu auch: Dr. Beate Jakob, Ein Arzt ist uns gegeben. Christus Medicus: http://difaem.de/uploads/tx_bfactorpublikationen/Difaem_zum_Thema_Christus_Medicus_2008_01.pdf (zuletzt abgerufen am 06.10.2020); Ignatius, Epistula ad Ephesos 20,2, Die Apostolischen Väter, Erster Teil, 3. Auflage Tübingen 1970, vgl. Michael Dörnemann, Einer ist Arzt, Christus. Medizinales Vertändnis von Erlösung in der Theologie der griechischen Kirchenväter des zweiten bis vierten Jahrhunderts, https://doi.org/10.1515/zac-2013-0006 (heruntergeladen am 23.09.2013), S. 107

[115] Audioandacht am 12.04.2020, Ostern

[116] Heribert Prantl, Im Corona-Jahr ist Ostern Furcht und Zittern: https://www.sueddeutsche.de/leben/ostern-corona-glaube-gesellschaft-1.487 1843 (zuletzt aufgerufen am 15.09.2020)

[117] So jedenfalls Andreas Bedenbender in seinem Buch „Frohe Botschaft am Abgrund. Das Markusevangelium und der jüdische Krieg", Leipzig 2013.

[118] Heribert Prantl, Anm. 116

[119] Lukas 24,34

[120] Jesaja 8,23+9,1

[121] Audioandacht am 19.04.2020, Quasimodogeniti

[122] Jahreslosung 2020

[123] Audioandacht am 03.05.2020, Jubilate

[124] Norbert Blüm, Politiker der CDU, MdB, von 1982 bis 1998 Bundesminister für Arbeit und Sozialordnung, starb am 23.04.2020.

[125] https://www.zeit.de/2020/19/norbert-bluem-politiker-kindheit-entscheidungen-empathie/komplettansicht (zuletzt abgerufen am 06.10.2020)

[126] Audioandacht am 10.05.2020, Kantate

[127] Präziser muss es heißen: „mit der Augustin zugeschriebenen Sentenz....". Ich kann das „Qui cantat, bis orat" nicht verifizieren. Ich würde es der Erinnerung an Vorlesungen/Predigten von Eberhard Jüngel zuordnen.

[128] Die Schrift, verdeutscht von Martin Buber gemeinsam mit Franz Rosenzweig, Bd. 2. Bücher der Geschichte, Neuausg., 10., verb. Aufl. der neubearb. Ausg. von 1955, Gerlingen 1997, S. 406

[129] EG 395

[130] 1. Petrus 4,10

[131] Römer 12,1

[132] 1. Petrus 4,10

[133] Matthäus 25,40

[134] Predigt und Audioandacht am 01.06.2020, Pfingsten

[135] 1. Mose 2,7

[136] Vgl. Lukas 10,5+6

[137] Predigt und Audioandacht am 07.06.2020, Trinitatis

[138] Audioandacht am 06.09.2020, 13. Sonntag nach Trinitatis

[139] Nr. 37/2020 vom 3. September 2020

[140] Vgl. dazu die Predigtmeditation von Dorit Felsch, in: Predigtmeditationen im christlich-jüdischen Kontext. Zur Perikopenreihe IV, herausgegeben von Studium in Israel e.V., Berlin 2017, Seite 315-321, bes. S. 319

[141] Predigt und Audioandacht am 27.09.2020, 16. Sonntag nach Trinitatis (Konfirmation)

[142] Wichtige Anregungen für die Predigt verdanke ich der Auslegung von Erich Zenger in: Erich Zenger, Die Nacht wird leuchten wie der Tag. Psalmenauslegungen, Freiburg im Breisgau Neuausgabe 1997, S. 213-224.

[143] Siehe: https://www.songtexte.com/songtext/peter-maffay/du-2bda0482.html (zuletzt abgerufen am 05.10.2020)

[144] J.R.R. Tolkien, Der Herr der Ringe. Erster Teil: Die Gefährten, Neunte Auflage der kartonierten Sonderausgabe, Stuttgart 1981, S. 53

[145] Predigt und Audioandacht am 04.10.2020, Erntedankfest

[146] Der Gottesdienst wurde im Freien auf einem Aussiedlerhof gefeiert.

[147] Psalm 145,15

[148] Siehe: Seite „Aktion Grüne Kreuze". In: Wikipedia, Die freie Enzyklopädie. Bearbeitungsstand: 23. September 2020, 07:05 UTC. URL: https://de.wikipedia.org/w/index.php?title=Aktion_Gr%C3%BCne_Kreuze&oldid=203904088 (zuletzt abgerufen: 27. Oktober 2020, 21:02 UTC)

[149] Matthäus 4,4

[150] Veröffentlicht September 2011

[151] David Grossman, Löwenhonig, München 2007

[152] Matthäus 2,23

[153] Veröffentlicht März 2012

[154] 1. Mose 22

[155] Richter 11,39c-40

[156] 5. Mose 12,29-31

[157] Veröffentlicht Dezember 2012

[158] 3. Mose 23,24; 4. Mose 29,1

[159] 5. Mose 10,16; 30,6

[160] Veröffentlicht Juni 2013

[161] 1. Könige 8,12-13.29-30

[162] Matthäus 4,8 + 17,1

[163] Matthäus 4,1-11

[164] Matthäus 17,1-5

[165] Matthäus 5-7

[166] Matthäus 15,29ff.

[167] Matthäus 28,7

[168] Matthäus 18,20

[169] Veröffentlicht März 2017

[170] Lukas 9,22

[171] Siehe: Lukas 24,7.26-27.44.46-47

[172] Psalm 31,6

[173] Apostelgeschichte 1,10-11

[174] Daniel 7,13-14

[175] Veröffentlicht März 2018

[176] https://useum.org/artwork/Christ-Appearing-to-His-Disciples-After-the-Resurrection-William-Blake-1795#nav%5Blist%5D=search&nav%5Btype%5D=common&nav%5Bphrase%5D=blake (zuletzt abgerufen am 15.09.2020)

[177] Veröffentlicht Dezember 2018

[178] Foto: Holger Hermann

[179] Veröffentlicht Juni 2020

[180] Siehe Anm. 128.

[181] Predigt am 11.10.2020, Taufe von Ella Rahel Hermann